Henk Bruggeman

Eine Liebe ohnegleichen

Henk Bruggeman

Eine Liebe ohnegleichen

... und wo du sie findest

GloryWorld-Medien

3. Auflage 2024

Übersetzung: Markus Amolsch
Lektorat/Satz: Manfred Mayer
Umschlaggestaltung: Walter Dijkshoorn und Jens Neuhaus (www.7dinge.de)
Illustrationen: Walter Dijkshoorn

Printed in the EU

ISBN: 978-3-95578-369-3
Bestellnummer: 356369

Erhältlich beim Verlag:

GloryWorld-Medien
Beit-Sahour-Str. 4
D-46509 Xanten
Tel.: 02801-9854003
Fax: 02801-9854004
info@gloryworld.de
www.gloryworld.de

oder in jeder Buchhandlung

Inhalt

Einleitung

Jeder, der nicht an Gott glaubt,
hat ein Bild von Gott, an das auch ich nicht glaube.

Herman Finkers

Ich habe schon einmal ein Buch geschrieben. Es hat den Titel „Das Herz des Vaters entdecken". Ich schreibe darin, dass Gott ein guter Vater sein will. Das klingt vielleicht ein bisschen seltsam für dich. Vielleicht hörst du das ja zum ersten Mal: „Gott als Vater."

Viele Christen glauben, dass Gott ein Vater ist. Die Frage ist nur: Haben sie dazu die richtige Vorstellung? Was bedeutet es, dass Gott mein Vater ist? Das ist eine wichtige Frage. Wenn man nicht das richtige Bild von Gott als Vater hat, kann man auch nicht das richtige Bild von ihm an andere weitergeben. Menschen, die nicht an Gott glauben, können dadurch eine falsche Vorstellung von Gott bekommen. Dann sehen sie nicht, wer er wirklich ist!

Dieses Buch wurde für dich geschrieben. Ich kenne dich wahrscheinlich nicht. Ich weiß auch nicht, wie dein Leben momentan aussieht.

Was ich aber weiß, ist, dass fast jeder einige sehr wichtige Fragen in seinem Leben hat:

- „Woher komme ich?“
- „Wohin gehe ich?“, und
- „Hat mein Leben einen Sinn?“

Wir haben zwei Möglichkeiten, wenn es um unser Leben geht. Viele Menschen glauben, dass wir lediglich aus endlos vielen Veränderungen entstanden sind. Für sie gibt es keinen Gott, der alles erschaffen hat, keinen Schöpfer. Es gibt auch keinen Plan, der über die Zeit hinausgeht, die der Mensch hier auf der Erde verbringt.

Dagegen kann man in der Bibel lesen, dass Gott den Himmel und die Erde erschaffen hat. Aber vielleicht kennst du die Bibel nicht. Dann muss ich etwas erklären. Die Bibel ist das Buch Gottes. Gott hat den Menschen geholfen aufzuschreiben, was sie von ihm gelernt haben und was sie mit ihm erlebt haben. Dadurch können wir uns ungefähr vorstellen, wie Gott ist.

> *Wenn man nicht das richtige Bild von Gott als Vater hat, kann man auch nicht das richtige Bild von ihm an andere weitergeben.*

Ich selbst glaube an einen Gott, der Himmel und Erde erschaffen hat. Das glaube ich nicht nur, weil die Bibel es sagt, sondern auch, weil ich glaube, dass es das Beste für unsere Zukunft ist. Aber vor allem glaube ich an Gott, weil ich eine Erfahrung mit ihm gemacht habe: Ich habe festgestellt, dass Gott für mich und alle Menschen ein echter Vater sein will. Ich habe erlebt, dass er mich unglaublich liebt! Davon möchte ich in diesem Buch mehr erzählen. Dadurch erhältst du dann auch gleich eine Antwort auf die drei Fragen, die ich oben gestellt habe! Du wirst entdecken, woher du kommst und was der Sinn deines Lebens ist. Es könnte nicht schöner sein.

Ich schreibe dieses Buch in erster Linie für Menschen, die nicht glauben. Aber es ist auch für neugierige Gläubige gedacht. Ich benutze die Bibel, um zu erklären, dass Gott, der Vater, Menschen liebt. Ich werde dir erklären, dass er in seinem Herzen kein strafender Gott ist. Er ist ein Vater, der seinen Kindern wirklich nahe sein will.

Gott der Vater schaut nicht zuerst auf deine Fehler!

Nun möchte ich vorab etwas erwähnen, das sehr wichtig ist: Gott der Vater schaut nicht zuerst auf deine Fehler! Deine Fehler führen vielleicht dazu, dass du Abstand von ihm hältst. Aber er sagt immer wieder: „Du kannst jederzeit wiederkommen. Du kannst kommen, wie du bist!" Er sagt nicht: „Ich liebe dich nur, wenn du alles richtig machst." Er weiß, dass du nicht alles richtig machen kannst. Gerade deshalb will er dir gerne helfen.

Ich weiß nicht, welche Vorstellung du von Gott hast. Aber ich denke, dieses Buch wird dir helfen, Gott besser kennenzulernen, so wie er wirklich ist. Ich meine Gott als einen Vater, der dich persönlich kennt und liebt. Wenn du diese Liebe erlebst, kannst du auch anfangen, ihn zu lieben. Das ist etwas, womit du das Herz eines Vaters glücklich machen kannst. Ich lade dich ein, das in diesem Buch zu entdecken. Kommst du mit auf Entdeckungstour?

Gott hat uns so geschaffen, dass wir ihm ähnlich sind
Das hat Gott uns selbst gesagt!
Ihm ähnlich sein?
Hahaha
Glaubt ihr das wirklich?
Zensiert
Zensiert
Zensiert

1 Wie es begann

Es wird so sein, wie es einmal war.

Der Anfang von allem …

Das erste Buch der Bibel heißt 1. Mose (oder Genesis). Darin wird erzählt, wie alles anfing. Die Geschichte beginnt in einem Garten. Wir lesen von einem Gott, der die Welt erschafft, mit allem, was dazugehört. Seine Absicht dabei ist es nicht, sich anschließend zurückzuziehen. Nein, er möchte unbedingt ein Teil davon bleiben. Er will genießen, was er gemacht hat.

Das Schönste hebt er bis zum Schluss auf. Zuletzt will er etwas Besonderes machen. Etwas, das ihm ähnlich ist. Etwas, mit dem er seine Liebe teilen kann. Wichtig ist ihm aber schon, dass dies von beiden Seiten kommt. Er will so gerne Liebe geben *und* Liebe bekommen.

Und so beschließt Gott, Menschen zu erschaffen, die ihm ähnlich sind. Menschen, um die er sich kümmern kann. Wie ein Vater um seine Kinder. Er sagt: „Lasst uns Menschen machen, die wie wir aussehen." Aus dem Staub der Erde macht Gott den Menschen. Er bläst seinen Lebensgeist in ihn hinein. Und so wird der Mensch lebendig. Er nennt den Menschen Adam. Das bedeutet „Mensch". Denke jetzt nicht, dass Adam äußerlich Gott ähneln soll. Nein, darum geht es nicht. Es geht Gott um das Innere. Es geht um den Charakter von Adam, seine Natur, sein Herz. Adams Herz war gut, denn Gott ist gut und erschafft nur gute Dinge.

Abhängigkeit

Gott, der Vater, will nicht nur, dass der Mensch ihm gleicht. Es geht ihm um mehr. Er will auch für den Menschen sorgen. Er will, dass es dem Menschen an nichts fehlt, dass es ihm gut geht.

Du musst wissen, dass Gott alles besitzt, was du dir vorstellen kannst. Sogar unendlich viel mehr als das. Es ist Gottes Absicht, dass wir das genießen. Gott möchte gerne seinen Reichtum mit uns teilen! Er will ihn nicht für sich behalten. Aber er möchte auch, dass wir entdecken, dass wir völlig von ihm abhängig sind. So hat er uns geschaffen: dass wir von ihm abhängig sind, ihm ganz nahe sind und nicht weit weg von ihm leben, dass wir eng mit ihm verbunden sind. So war es von ihm gedacht. Nur dann wird es uns gut gehen. Dann kann er uns alles geben, was wir brauchen.

> *Wir sind dazu bestimmt, Liebe zu empfangen und Liebe weiterzugeben.*

Aber es ist wichtig zu wissen, dass er uns einen freien Willen gegeben hat. Und genau das ist der Punkt, an dem es falsch gelaufen ist. Das möchte ich dir jetzt näher erklären.

Am Anfang der Bibel wird uns von den beiden ersten Menschen erzählt: Adam und Eva. Ich habe dir erzählt, wie Gott Adam erschaffen hat. Bei Eva ist es anders: Gott stellt fest, dass Adam einsam ist. Deshalb versetz er ihn in einen Schlaf. Dann nimmt er eine Rippe aus Adams Körper und formt daraus Eva. Sie sind glücklich zusammen und leben in einem wunderschönen Garten. Dort trifft Gott der Vater sie regelmäßig. Dann reden sie miteinander und es ist wunderbar. Es ist die Geschichte, wie ein guter Vater mit seinen Kindern umgeht. Sie genießen einander und das Leben; es ist unbeschreiblich schön.

Aber dann gehen die Dinge schief.

Eines Tages geht Eva durch den Garten. Plötzlich hört sie eine Stimme, die zu ihr spricht. Sie schaut und sieht eine Schlange in einem Baum. Die Schlange sagt zu ihr: „Ist es wirklich wahr, dass Gott gesagt hat, dass ihr von den Früchten der Bäume im Garten nichts essen dürft?" „Nein, nein", sagt Eva, „das hat er nicht gesagt. Im Gegenteil, wir dürfen von allen Früchten der Bäume essen. Aber so ein Zufall, es gibt nur eine Ausnahme. Nämlich genau der Baum, auf dem du sitzt. Der Baum, der ‚Baum der Erkenntnis von Gut und Böse' genannt wird".

„Ja, ich weiß, warum ihr von der Frucht dieses Baumes nicht essen dürft", sagt die Schlange. „Wenn ihr das tut, werdet ihr wie Gott sein!" In diesem Moment hätte Eva einfach zur Schlange sagen können: „Hör mal, wir sind hier in 1. Mose 3, aber geh' mal mit mir zurück zu 1. Mose 1. Da steht doch deutlich, dass Gott den Menschen nach seinem Ebenbild geschaffen hat. Er hat den Menschen genau so gemacht, wie er selbst ist. Ich brauche nichts zu tun, um wie Gott zu werden. Ich bin es schon!"

Die Schlange versucht, Eva zu täuschen, und es gelingt ihr auch noch. Was sie eigentlich zu Eva sagt, ist, dass sie nicht von Gott abhängig zu sein braucht. Sie kann unabhängig von ihm leben. In der Geschichte sehen wir, dass Adam und Eva an dieser Stelle einen Fehler begehen. Sie treffen die Wahl, ungehorsam und unabhängig zu sein und ihre eigenen Entscheidungen zu treffen. Aber nicht nur das. Durch die Unabhängigkeit verlieren sie auch die Verbindung zu Gott, ihrem Vater! Sie sind getrennt von Gott. Durch den Lebensgeist, den sie von Gott empfangen hatten, konnten sie mit ihm verbunden sein, weil Gott Geist ist. Jetzt, wo sie nicht mehr mit Gott verbunden sind, ist auch die Verbindung mit dem (ewigen) Leben weg. Nun wird der Mensch erleben, was es bedeutet zu sterben. Aber so hatte Gott sich das natürlich nicht gedacht! Er wünschte sich sehnlichst, mit dem Menschen verbunden zu bleiben und ihm das ewige Leben zu schenken.

Gott wünschte sich sehnlichst, mit dem Menschen verbunden zu bleiben und ihm das ewige Leben zu schenken.

Gott ist jetzt ein Vater, der seine Kinder verloren hat. Die Verbindung wurde getrennt.

Die Zeit, in der wir leben

Was wir um uns herum sehen, ist eine Welt voller Menschen, die ihre Verbindung zu Gott, dem Vater, verloren haben. Sie leben ihr eigenes, zeitlich begrenztes Leben. Sie müssen es aus eigener Kraft tun. Und ob du nun reich bist oder arm, eines Tages wird dein Leben zu Ende sein.

Aber es gibt gute Nachrichten!

Gott, der Vater, mag seine Kinder verloren haben, aber er hat sie nicht vergessen! Er hat sich einen Plan ausgedacht, um die Verbindung mit seinen Kindern wiederherzustellen. Um diesen Plan zu begreifen, müssen wir Folgendes wissen: Gott ist Geist und der Mensch ist Fleisch. Adam und Eva waren ungehorsam. Dadurch kann der Lebensgeist Gottes nicht mehr im Menschen sein. Der Geist des Menschen ist jetzt tot. Der Unterschied zwischen Geist und Fleisch ist so groß, dass der Mensch aus sich selbst, aus seinem Fleisch, nie wieder mit Gott verbunden werden kann. Es gibt eine große Distanz zwischen Gott und Mensch, zwischen Gottes Geist und menschlichem Fleisch.

Aber Gott ist mit seinem Latein noch nicht am Ende. Die Bibel sagt uns, dass wir Gott, den Vater, Gott, den Sohn, und Gott, den Heiligen Geist, haben. Drei Personen in einem Gott. Schwer zu verstehen, aber doch wahr. Eines Tages führt Gott, der Vater, im Himmel ein Gespräch mit Jesus, dem Sohn. Der Vater bittet ihn, vom Himmel auf die Erde zu gehen. Er bittet ihn, Mensch zu werden, um die Verbindung mit den Menschen wiederherzustellen.

Wie bitte?

Der Gott aller anderen Religionen sagt zum Menschen: „Tu dein Bestes, um höher aufzusteigen. Versuche, mich zu erreichen." Aber so ist es bei Gott, dem Vater, nicht. Er bittet seinen Sohn, den Menschen gleich zu werden! Der einzige Unterschied zu den Menschen auf der Erde ist, dass Jesus den Geist Gottes hat und sein ganzes Leben lang gehorsam ist und in Verbindung mit Gott, dem Vater, lebt.

Die Veränderung

Die Bibel sagt, dass Jesus an einem Kreuz gestorben ist. War das notwendig? Ja! Er ist an unserer Stelle gestorben. Er musste das nicht tun, sondern entschied sich freiwillig dafür. Jesus trug das ganze Elend der Menschheit in seinem Tod. Alles, was zwischen Gott, dem Vater, und den Menschen stand. Alle Unabhängigkeit und Rebellion, aller Stolz und Ungehorsam. Er sagt: „Ich nehme das alles auf mich und bin bereit, an eurer Stelle zu sterben. Mein Tod gibt euch das Leben. Tauschen wir? Ich nehme euer Elend und ihr bekommt mein ewiges Leben." Jesus ist für uns gestorben. Aber die gute Nachricht ist, dass der Tod ihn nicht festhalten konnte! Jesus ist aus dem Tod wieder auferstanden. Er wurde wieder lebendig. Dies war möglich, weil er immer mit Gott, dem Vater, und mit dem ewigen Leben verbunden geblieben ist. Denn er war ganz gehorsam, sogar bis zum Tod. Jesus traf die Entscheidung, nicht weit vom Vater entfernt zu leben, sondern völlig abhängig von ihm zu sein. Mit seinem Leben und seinem Tod korrigierte Jesus die falsche Entscheidung von Adam und Eva.

Und jetzt, wo er das getan hat, sagt er zu uns: „Hör zu, willst du dein zeitlich begrenztes Leben gegen ewiges Leben eintauschen?" Warum? Weil der Vater so gerne die Beziehung zu seinen Kindern wiederherstellen möchte.

Was müssen wir dafür tun?

Eigentlich ist es ganz einfach. Erkenne an, dass Jesus für dich gestorben ist, für all deinen Ungehorsam, deine Sünden und Fehler. Er hat dir vergeben. Wir können ihm dafür danken. Dann kannst du das neue Leben von

Jesus empfangen. Wie? Indem du einfach nur glaubst, dass es für dich ist und dich bei ihm dafür bedankst! So bekommen wir einen neuen Geist für ein neues Leben. Das ist ein geistliches Leben, ein Leben mit Gottes Geist. Dadurch wirst du ein neuer Mensch. Du bist dann nicht mehr wie Adam nach seiner Sünde, also ohne Gottes Geist, sondern hast jetzt, wie Jesus, Gottes Geist. Die Bibel nennt das „von Neuem geboren werden".

Wenn wir das begreifen, dann verstehen wir auch, dass es zwei verschiedene Arten von Christen gibt. Es gibt Menschen, die an die Existenz von Gott und Jesus glauben und auch in die Kirche gehen, die aber nicht verändert wurden. Sie wurden nicht wiedergeboren. Man kann diese Menschen „Namenschristen" nennen. Aber du brauchst dich nicht darauf zu beschränken, nur dem Namen nach Christ zu sein. Du kannst es auch wirklich werden! Du bist erst dann wirklich Christ, wenn du dein eigenes Leben Jesus gegeben und von ihm das neue Leben bekommen hast, im Tausch für dein Leben. Dann nennst du dich nicht nur Christ, sondern bist es auch wirklich!

Du kannst ein echter Christ werden, nicht nur dem Namen nach!

Die Natur gibt uns ein wunderbares Beispiel dafür, wie das ist. Sieh dir die Raupe an. Früher oder später verpuppt sich die Raupe und bildet einen Kokon. Nach einiger Zeit kommt dann aus dem Kokon ein Schmetterling zum Vorschein! Total anders, völlig ausgewechselt. So ist es auch mit jemandem, der wirklich Christ wird.

Der Vater

Jetzt kannst du denken, dass du dein Ziel erreicht hast. Du glaubst an Jesus. Du bist Christ geworden. Du bist von Neuem geboren worden und hast einen neuen Geist und ein neues Herz von Gott bekommen. Aber Achtung: Das ist nicht das Ziel. Es ist ein Mittel, um dein Ziel zu erreichen!

Wie jetzt?

Der Sinn des neuen Lebens ist es, zu Gott, dem Vater, zu kommen. Das ist sein Ziel für dich! Jesus hat dafür gesorgt, dass jetzt der Weg offen ist, um zum Vater zu gehen.

Und weißt du, was das Schönste daran ist?

Wenn du dich auf den Weg machst, um ihm zu begegnen, kommt er dir schon entgegen. Auch wenn du nicht genau weißt, was dich erwartet. Mit weit geöffneten Armen sagt er: „Du bist zu Hause willkommen." Er schaut nicht darauf, was alles schiefgelaufen ist. Er sagt, dass er dein Leben wiederherstellen und erneuern wird. Wir sind nicht mehr allein. Unser Vater ist jetzt für immer bei uns. Er schließt dich in die Arme. Das ist so gewaltig, dass du spüren kannst, wie die Liebe aus seinem Herzen in das deine strömt. Und wenn du ihm dann in die Augen schaust, kannst du sehen, wie sehr er dich liebt. Du kannst dann auch sehen, wie glücklich er mit dir ist, als seinem Sohn bzw. seiner Tochter. Es ist dann auch nicht mehr so schwer, von ihm abhängig sein zu wollen.

> *Mit weit geöffneten Armen sagt der Vater: „Du bist zu Hause willkommen."*

Auf diese Weise findet eine Wiederherstellung statt. So kann ein neues Kapitel in deinem Leben beginnen.

Frage

Wagst du es, Gott, dem Vater, so zu vertrauen, dass du ihm dein Leben gibst? Wenn das noch zu schwer ist, macht es dir etwas aus, wenn er dich zuerst einfach mal umarmt?

Lass dir Zeit, seine Liebe zu erfahren. So lernst du, ihm mehr und mehr zu vertrauen.

Mehr dazu lesen:

- Barry Adams: Der Liebesbrief des Vaters: https://www.fathersloveletter.com/german.html

Hinten in diesem Buch findest du kurze Sätze, die in der Bibel stehen und von Gottes Liebe zu dir handeln. Barry Adams hat sie herausgesucht und zusammengestellt. Du kannst diese Sätze als einen Brief lesen, den Gott Vater dir geschrieben hat.

Ich bestimme selbst, was ich tue
Macht dich das auch glücklich?
Nicht immer, aber was bringt mir die Freiheit, wenn ich sie nicht nutze?

2 Der Junge, der es zu Hause nicht mehr aushielt

Von einem Vater, der seinen Sohn verlor

Du machst alles falsch. Doch dein Vater liebt dich weiterhin und du kannst immer wieder von vorne anfangen. Ist das wirklich möglich? Vielleicht sagst du: „Nein, das ist nicht möglich." Oder du denkst: *Das kann vielleicht schon sein, aber nicht für mich.*

Sehr oft sieht man die Dinge durch die eigene gefärbte Brille, weil man viel durchgemacht hat. Die Bibel sagt, dass Gott ein Vater ist. In dem Moment, wo du dies liest, ist dein Gottesbild von von dem geprägt, was du mit deinem eigenen Vater erlebt hast. Ohne dass du das bewusst tust. Es passiert automatisch.

In der Bibel steht eine Geschichte über einen Jungen, der es zu Hause nicht mehr aushält und weggeht. Es ist eine Geschichte, die Jesus erzählt. Diese Geschichte wird auch „Der verlorene Sohn" genannt, und vielleicht ist es am einfachsten, wenn wir sie vorerst weiter so nennen. Aber sie handelt eigentlich von einem Vater, der seine beiden Söhne ungeheuerlich liebt. Der jüngste der beiden Söhne steht im Mittelpunkt der Geschichte. Das ist der Sohn, der das Haus verlässt und weggeht. Er macht alles schrecklich falsch. Doch sein

Vater liebt ihn weiterhin. Diese Geschichte ähnelt dem sehr, was wir im ersten Kapitel gelesen haben. Da ging es auch um einen Vater, der sein Kind verliert.

Die Geschichte des verlorenen Sohnes ist nie wirklich passiert, aber irgendwie doch. Wie ist das möglich? Jesus erzählt diese Geschichte als Gleichnis. Das ist eine kurze Geschichte, durch die Jesus uns etwas aufzeigen will. Jesus möchte, dass die Menschen seinen Vater so kennenlernen, wie er wirklich ist. Es ist also nicht einfach nur eine Geschichte, nur weil sie nicht wirklich passiert ist. Das Schöne ist nämlich, dass diese Geschichte auch deine Geschichte werden kann.

Die Geschichte

Schauen wir uns diese Geschichte doch mal an.

Ein Vater hat zwei sehr unterschiedliche Söhne. Der Jüngste hält es zu Hause nicht aus. Er will weg. Es ist beklemmend für ihn, unter der Autorität seines Vaters zu leben. So fühlt es sich für ihn an. Er will frei sein und herausfinden wer er ist.

Wir wissen nicht, wie alt dieser Junge war. Aber es scheint, als wäre er nicht älter als 17 oder 18 Jahre gewesen. Dazu ist es wichtig, die Situation in der damaligen Zeit zu kennen. Es war so anders als heute. Es war damals normal, viel Respekt vor seinen Eltern zu haben. Die Familie und direkte Umgebung waren sehr wichtig und standen damals im Mittelpunkt der dortigen Kultur. Dem jüngsten Sohn ist das egal. Er denkt nur an sich und setzt alles daran, um von zu Hause wegzukommen. Weg von seinem Vater, weg ... damit er er selbst sein und das Leben auf seine Art genießen kann.

Aus dem Haus zu gehen und alleine zu leben kostet Geld, viel Geld. Dieser Junge bittet daher seinen Vater, ihm sein Erbe zu geben. Das war eine Unverschämtheit. Ein Erbe bekam man damals erst kurz vor oder nach dem Tod des Vaters. Aber davon ist hier keine Rede. Es ist, als würde dieser Junge zu seinem Vater sagen: „Von mir aus kannst du tot umfallen. Ich will mein Erbe, und ich will es JETZT!"

Und dann passiert etwas Besonderes. Sein Vater fragt ihn nicht, ob er noch ganz bei Sinnen ist. Er wird nicht wütend und schimpft ihn nicht aus. Er verweigert den Wunsch seines Sohnes noch nicht einmal. Er tut einfach, was sein Sohn von ihm verlangt, auch wenn es im Widerspruch zu dem steht, was damals üblich war. Das bedeutet nicht, dass der Vater ihm einfach etwas Geld gibt. Sondern es bedeutet, dass er dem jüngsten Sohn einen Teil der Häuser und Ländereien übergibt. Der Familienbesitz wird vom jüngsten Sohn verkauft. Auf diese Weise kann er mit einem großen Sack Geld in die Welt hinausgehen.

Sein Vater fragt ihn nicht, ob er noch ganz bei Sinnen ist. Er wird nicht wütend und schimpft ihn nicht aus.

Er begibt sich auf eine Entdeckungsreise in ein fremdes Land. Er will herausfinden, wer er ist und das Beste aus dem Leben herausholen. Mit seinem großen Sack Geld kann er das Leben in vollen Zügen genießen. Nichts ist unmöglich. Aber wenn man nur Geld ausgibt und nichts dazuverdient, bekommt man irgendwann ein Problem. Dann kommt früher oder später das Ende in Sicht. Genau zu diesem Zeitpunkt kommt eine

Hungersnot in das Land, in dem er sich befindet. Es geht diesem Land schlecht. Durch die Missernte gibt es nicht genug zu essen und zu trinken. Es gibt keine Arbeit. Das Geld ist alle. Er weiß nicht mehr weiter und läuft gegen eine Wand. Schweine zu hüten, ist der einzige Job, den er noch finden kann. Damals wurden Schweine als schmutzige, unreine Tiere angesehen. Es war eine Schande, sich um sie kümmern zu müssen. Dieser miese Job brachte ihm so wenig Geld ein, dass er weiter Hunger litt. Er wollte sogar das Schweinefutter essen.

Und plötzlich geht ihm ein Licht auf. Zum ersten Mal nach seinem Weggang von zu Hause, muss er wieder an seinen Vater denken. Er erinnert sich an das Anwesen und die Zeit, als er zu Hause war. Er malt sich vor Augen, wie die Mitarbeiter seines Vaters genug zu essen haben. Er trifft die Entscheidung zurückzugehen, obwohl er nicht weiß, was ihn erwartet.

Ihm ist schon klar, was er seinem Vater angetan hat. Darum erwartet er auch keinen warmen Empfang. Unterwegs legt er sich die passenden Worte zurecht. Er hat vor zu sagen: „Papa, es tut mir leid. Ich habe einen großen Fehler gemacht. Mir ist klar, dass ich damit alles verspielt habe. Ich bin es nicht mehr wert, dein Sohn zu sein. Du willst mich bestimmt nicht mehr als Sohn im Haus haben. Darf ich vielleicht als Knecht zurückkommen?"

Kleine Erklärung

Bevor wir uns den Rest der Geschichte anschauen, möchte ich an dieser Stelle etwas erklären. Man kann mit jemandem im selben Haus zusammenleben, diese Person aber trotzdem nicht sonderlich gut kennen.

Man kann einander auf der Pelle sitzen und trotzdem eine große Distanz zueinander empfinden. Der jüngste Sohn hatte nie wirklich das Herz seines Vaters gekannt.

Manchmal denkt man, man kennt jemanden. Aber woher weiß man, ob das Bild, das man von dieser Person hat, der Realität entspricht? Das hat mit Erfahrung zu tun. Du brauchst bestimmte Erfahrungen, um dir einer Sache sicher zu sein. Wenn deine Eltern gestorben sind, bist du ein Waisenkind. Wenn deine Eltern leben, sich aber nicht um dich gekümmert haben, läuft das eigentlich aufs Gleiche hinaus. Natürlich bist du noch ein Kind deiner Eltern. Aber du hast nicht erfahren, wie es ist, einen liebenden Vater und eine liebende Mutter zu haben. Wenn dir diese Erfahrung fehlt, kannst du auch keine richtige Vorstellung davon haben, was ein guter Vater oder eine gute Mutter ist.

Der jüngste Sohn hatte nie wirklich das Herz seines Vaters gekannt.

Aber du kannst dich auch verschließen. Der jüngste Sohn verschloss sich seinem Vater gegenüber. Deshalb konnte er die Liebe seines Vaters nicht empfangen. Deshalb kannte er seinen Vater nicht wirklich und hatte ein falsches Bild von ihm.

Die Geschichte, die Jesus hier erzählt, ähnelt irgendwie der ersten Geschichte in der Bibel. Der von Adam und Eva. Der Geschichte, die du im ersten Kapitel gelesen hast. Genau wie Adam und Eva wollte auch dieser jüngste Sohn nicht von seinem Vater abhängig sein. Er wollte unabhängig sein. Er wollte selbst entscheiden, was er tut.

Gott hat dem Menschen einen freien Willen gegeben. Aber er hat das nicht getan, um uns einfach tun zu lassen, was wir wollen. Du kannst dich freiwillig dafür entscheiden, zu Gott zu gehören. Aber du kannst deinen freien Willen auch benutzen, um weit entfernt von dem Gott zu bleiben, der dein Vater sein will.

Wir sehen, dass der Vater nichts gegen die Entscheidung seines Sohnes einwendet. Da steht auch nicht, dass er sie für eine schlechte Entscheidung hält. Sondern wir lesen, dass der Vater seinen Sohn völlig frei darin lässt, seine eigene Wahl zu treffen. Weiß der Vater, dass es am Ende schieflaufen wird? Wahrscheinlich schon. Aber warum warnt er seinen Sohn dann nicht? Warum hält er ihn dann nicht davon ab? Das ist eine Frage, die du Gott bestimmt auch schon manchmal gestellt hast: „Wenn du alles weißt, wenn du wusstest, dass es am Ende alles schiefläuft, warum hast du mich dann nicht daran gehindert?"

Trotzdem hat der Vater einen sehr guten Grund, seinem Sohn die freie Wahl zu lassen: Liebe. Und Liebe entsteht nicht dadurch, dass man gehorsam Gesetze und Regeln einhält. Liebe entsteht aus einer Erfahrung und aus Vertrautheit. Und genau das war es, was dieser Sohn nicht hatte. Er hatte die Liebe seines Vaters nie wirklich kennengelernt.

Die Geschichte geht weiter

Der Junge ist jetzt ein junger Mann geworden und auf dem Weg zurück nach Hause. Beachte aber, dass er zwar auf dem Weg nach Hause ist, aber immer noch ein falsches Bild von seinem Vater hat. Er kennt ihn noch nicht von Herz zu Herz. Darum sagt er: „Ich bin es nicht wert, dein Sohn zu sein."

Warum glaubt er, dass er es nicht wert ist, der Sohn seines Vaters zu sein? Weil er weiß, was er alles falsch gemacht hat. Aber das Wichtigste ist das Bild, das er von seinem Vater hat. Er denkt, dass sein Vater ihm die Schuld dafür gibt, dass er seinen Besitz verhökert hat. Er denkt wie ein Waisenkind, das sagt: „Ich habe nicht verdient, dass du mich liebst."

Er ist noch ein gutes Stück von zu Hause entfernt, als sein Vater ihn schon kommen sieht. Der Vater überlegt nicht eine Sekunde. Er springt sofort auf und rennt auf seinen Sohn zu. Er fällt ihm um den Hals und küsst ihn. Damit hatte dieser junge Mann nicht gerechnet. Kein Wort darüber, was er falschgemacht hat. Der Vater gibt nur Liebe, Liebe und nochmals Liebe. Auch wenn er nicht weiß, wie ihm geschieht, saugt der junge Mann diese Liebe in vollen Zügen auf.

„Papa, willst du immer noch mein Vater sein? Nach allem, was ich falsch gemacht habe?" Das ist es, was der jüngste Sohn sich fragt. Aber die Antwort, die er bekommt, ist überdeutlich. Er spürt in seinem Herzen die Liebe, die aus dem Herzen seines Vaters kommt. Das lässt sich nicht in Worte fassen. Alles, was der Sohn denken kann, ist: „Ich wusste nicht, dass du so bist. Ich wusste nicht, dass du so bist ..."

Die Umarmung ist für diesen jungen Mann eine herzergreifende Erfahrung.

Die Umarmung ist für diesen jungen Mann eine herzergreifende Erfahrung. Diese Erfahrung bewirkt mehr als tausend Worte. Er erhält seine Position als Sohn zurück. Kein Knecht, kein Sklave, sondern ein Sohn. Das ist jetzt seine Position. Er ist nicht länger eine Waise. Er ist zu Hause angekommen.

Jetzt kann sich auch seine Denkweise ändern ... Er braucht nicht länger zu denken: „Ich bin es nicht wert, der Sohn meines Vaters zu sein!"

Aber mit der Umarmung hört es noch nicht auf. Der Vater lässt seine Knechte ein besonderes Gewand holen. Dieses wirft der Vater ihm über. An diesem Gewand kann jeder sehen, dass er wieder als Sohn in die Familie aufgenommen worden ist. Er gehört wieder dazu! Er bekommt Schuhe zum Anziehen. Auch das ist ein Zeichen der Sohnschaft, denn Sklaven müssen barfuß laufen. Und das ist noch nicht alles. Der Vater steckt ihm auch einen speziellen Siegelring auf den Finger. Mit diesem Siegelring kann man alles einkaufen, was man möchte. Es war die Kreditkarte der damaligen Zeit. Der Vater hat seinen Sohn wieder zurück zu Hause und er sieht ihn wieder völlig als seinen Sohn, mit allem, was dazu gehört.

Wie ist das möglich?

Wir wissen, dass die Fehler, die wir machen, Konsequenzen haben. Ein Kind lernt in der Familie, was richtig und was falsch ist. Normalerweise jedenfalls. Eltern korrigieren ihre Kinder. Wenn nötig, bestrafen sie ihre Kinder. So ist es nicht verwunderlich, dass wir von Gott, dem Vater, eine ähnliche Reaktion erwarten. Unsere Fehler können sogar so groß sein, dass wir denken, wir verdienen es nicht mehr, Sohn oder Tochter unserer Eltern zu sein. Aber warum sagt der Vater in unserer Geschichte nichts zu den Fehlern seines Sohnes?

Verletzte Menschen verletzen Menschen. Geheilte Menschen heilen Menschen. Das habe ich von John und Paula Sandford gelernt. Was sie damit meinen, ist: Wir sind alle innerlich beschädigt. Deshalb ist es so wichtig, dass wir von innen heraus wiederhergestellt werden.

Als der Vater seinen Sohn aus der Ferne kommen sieht, kommt aller Schmerz wieder hoch. Der Sohn hat seinen Vater verletzt. Das hat sein Herz verwundet. Von jemandem, der unser Herz verletzt hat, halten wir uns am liebsten fern. Wir wollen nicht aufs Neue verletzt werden. Manche Menschen bauen sogar Mauern um ihr Herz. Wir tun alles Mögliche, um neue Verletzungen zu verhindern. Wie anders reagiert doch der Vater in dieser Geschichte! Der Sohn erwartet etwas ganz anderes. Er hat etwas falsch gemacht und erwartet eine Bestrafung. Deshalb ist es so wichtig zu verstehen, wie es kommt, dass der Vater so anders reagiert. Gott will nämlich auch unser Vater sein.

Verletzte Menschen verletzen Menschen.

Der Vater spürt den Schmerz in seinem Herzen wieder, als er seinen Sohn kommen sieht. Aber er lässt sich nicht von dem Schmerz in seinem Herzen bestimmen. Er weiß, dass verletzte Menschen andere Menschen verletzen. Er denkt: „Mein Sohn, wenn du mein Herz so verletzen kannst, dann muss dein Herz wirklich sehr verletzt worden sein! Mein Sohn, alles, was du brauchst, ist Heilung. Dein Herz muss wieder gesund werden!"

Und so nutzt der Vater seinen Schmerz als Antrieb, seinen Sohn zu lieben. Es zeigt sich sogar, dass der Vater die Strafe selbst tragen will. Die Strafe, die der Sohn verdient hat, weil er seinen Vater abgelehnt hat. Der Vater sagt: „Ich fühle den Schmerz, aber ich halte ihn aus, damit ich zu dir kommen kann. Damit ich dein

Herz heilen kann und du mich so kennenlernen kannst, wie ich wirklich bin. Ich bin der Vater, der dich liebt."

Jetzt bist du dran

Vielleicht sind in deinem Leben Dinge passiert, durch die du eigentlich Strafe verdienst. Es spielt keine Rolle, was du getan hast. In den Armen deines Vaters kannst du immer geheilt werden und neu anfangen.

Und die Strafe?

Die hat Gott, der Vater, seinem Sohn gegeben. Jesus wollte diese Strafe tragen. Er entschied sich, am Kreuz zu sterben ... Und Jesus hat das alles getan, weil dein Herz Heilung braucht. Ein verwundetes Herz heilt nicht durch Bestrafung. Ein verwundetes Herz braucht Liebe, Liebe und nochmals Liebe.

Gebet

Wenn du möchtest, kannst du dieses Gebet beten:

> *Jesus, danke, dass du die Strafe getragen hast, die ich verdiene. Du bist für mich gestorben, damit ich leben kann.*
>
> *Vater Gott, Papa, ich komme zu dir. Danke, dass du mich so sehr liebst. Ich will dich so kennenlernen, wie du wirklich bist. Danke, dass du mein Vater sein willst und dass ich dein Sohn / deine Tochter sein darf. Danke, dass ich nach Hause kommen darf. Fülle mich mit deiner Liebe.*
>
> *Amen* (das bedeutet: „So ist es").

Vielleicht erkennst du dich in dieser Geschichte doch nicht ganz wieder. Das ist möglich. Im nächsten Kapitel werden noch ein paar Beispiele angeführt. Vielleicht sprechen diese dich mehr an.

Du kannst diese Geschichte in der Bibel in Lukas 15,11–32 nachlesen.

Wie kannst du ausgerechnet mich lieben?
Nie wirklich darüber nachgedacht
Ich glaube, das kommt bei Eltern automatisch

3 Noch ein paar Geschichten

Was verloren ist, wird gefunden.

Die Geschichte von Tim

Eine Geschichte erzähle ich besonders gerne. Es ist keine Geschichte aus der Bibel. Es geht um Tim, unseren jüngsten Sohn, als er noch klein war. Wir wohnten damals in einer Gegend, wo die Kinder noch draußen spielen konnten. Es gab einen Spielplatz nicht weit von uns, aber um ihn zu erreichen, musste man eine verkehrsreiche Straße überqueren. Tim war drei Jahre alt und ich instruierte ihn: „Hör mir genau zu, Tim, du darfst niemals alleine zu diesem Spielplatz gehen, hast du verstanden?" Gehorsam antwortete Tim: „Ja, Papa."

Aber eines Tages ist das Wetter schön und ich bin im Garten hinter dem Haus beschäftigt, während die Haustür vorne offensteht. Tim geht durch die Tür nach draußen und schaut sich um, ob ich auch nichts davon merke. Und schon tragen ihn seine kleinen Beine entschlossen Richtung Spielplatz. Ein Nachbar, nicht weit von uns, sieht, was geschieht. Tim kommt an die belebte Straße und schaut noch einmal über die Schulter nach hinten. Kein Papa! Also schnell über die Straße! Und los läuft er, aber er ist nicht vorsichtig genug. Ein

Auto, es fährt viel zu schnell, kommt auf ihn zu und versucht mit quietschenden Bremsen zu halten, aber Tim wird erwischt und fliegt durch die Luft. Mit einem Schlag landet er auf dem Boden und bleibt bewegungslos liegen.

Der Nachbar steht wie versteinert da. Was soll er bloß tun? Schon sieht er andere Leute nach ihren Handys greifen und den Notruf wählen. Er entscheidet sich also, mich zu holen. Die Vordertür ist noch offen und er rennt hinein und ruft: „Henk, komm schnell, Tim hatte einen Unfall!"

Gemeinsam eilen wir zum Ort des Geschehens. Wir treffen auf eine Ansammlung von Leuten und auch die Polizei ist schon da. Ich höre die Sirenen eines nahenden Krankenwagens. „Aus dem Weg!", rufe ich. „Ich bin sein Vater!" Die Leute machen mir Platz und da sehe ich ihn liegen, noch immer bewegt er sich nicht.

> *„Aus dem Weg, ich bin sein Vater!"*

Seine Augen sind offen und ich schaue ihn streng an: „Nun siehst du, was du von deinem Ungehorsam hast! Hörst du den Krankenwagen? Der wird dich jetzt mitnehmen. Und wenn du aus dem Krankenhaus kommst, kannst du was erleben, verlass dich drauf!"

Glaubst du, ich würde so reagiert haben? Natürlich nicht! Ich knie neben Tim und lege meinen Arm um ihn. Ich kann ihn nicht hochnehmen, weil ich nicht weiß, ob nicht sein Hals oder Rücken verletzt ist. Aber er soll wissen, dass ich da bin. „Ich bin ja hier bei dir, Tim, alles wird gut, ich liebe dich!"

Wir finden es ganz normal, wenn ein Vater so reagiert. Nein, Tim erhält keine Strafe, er ist ja schon bestraft genug und hat die Folgen seines Ungehorsams erlebt. Was er jetzt braucht, ist ein Vater, der für ihn da ist. Aber was ist unsere Vorstellung von Gott, wenn wir ungehorsam sind und es vermasselt haben? Glaubst du, dass er für dich ist und dich voller Erbarmen in die Arme nimmt und sagt: „Ich bin dein Vater und kümmere mich um dich!" Oder gehst du davon aus, er steht vor dir und klagt dich mit erhobenem Zeigefinger an: „Du hast gesündigt? Dann weißt du ja, was dir blüht ..."

Verloren und gefunden

Im letzten Kapitel haben wir von einem Jungen gesprochen, der es zu Hause nicht mehr aushielt. Man kann diese Geschichte aus zwei Perspektiven betrachten. Aus der Perspektive des Jungen, aber auch aus der Perspektive des Vaters, der zurückblieb. Die Geschichte handelt zuerst von einem Sohn, der von Zu Hause wegging und es vermasselt hat. Aber das Wichtigste ist, dass er zu seinem Vater zurückkehrte. Sein Vater wartete auf ihn und hatte ihn nie vergessen!

Sein Vater wartete auf ihn und hatte ihn nie vergessen!

In der Bibel erzählt Jesus nie einfach nur eine Geschichte. Er will uns damit immer etwas klar machen. Vielleicht fühlst du dich wie dieser verlorene Sohn. Dann ist es gut zu wissen, dass es einen Vater gibt, der dich liebt. Nicht, weil du alles so gut gemacht hast, im Gegenteil! Aber weil du sein Kind bist. Dein Vater möchte dir sagen: „Ich weiß, dass es schiefgelaufen ist, aber ich verstehe auch, warum. Du warst auf dich allein gestellt. Ich bin so froh, dass du jetzt nach Hause gekommen bist. Jetzt kann ich dir helfen. Wir haben zusammen eine neue Zukunft vor uns." Du magst dich vielleicht verloren fühlen, aber lass dir sagen, dass es einen Vater gibt, der dich sehr gerne finden möchte.

Das verschwundene Schaf

Möglicherweise kannst du mit der Geschichte des verlorenen Sohnes nicht so viel anfangen. Du hast keineswegs das Gefühl, dass du dich schon auf den Weg nach Hause gemacht hast. Jesus erzählte nicht nur von einem verlorenen Sohn. Im selben Teil der Bibel erzählt er auch von einem verschwundenen Schaf und einer verlorenen Münze.

Kurz zusammengefasst, erzählt er den Menschen Folgendes: Es gab einen Mann, der hundert Schafe hatte. Eines Tages stellt er fest, dass eines davon fehlt. Und was tut er? Er lässt die 99 anderen Schafe zurück und macht sich auf die Suche nach dem einen. Er schickt keinen seiner Mitarbeiter, nein, er macht sich selbst auf die Suche. Und er sucht so lange, bis er das fehlende Schaf gefunden hat.

> *Er sucht so lange, bis er das fehlende Schaf gefunden hat.*

Jesus vergleicht Menschen öfter mal mit Schafen und erklärt dann, dass er ein guter Hirte ist. Ein Hirte, der sich um seine Schafe kümmert, auch wenn sie weggelaufen und in Schwierigkeiten geraten sind. Und es ist auch so, dass Schafe sehr eigenwillig sind und ihren eigenen Weg gehen wollen.

Das Schaf, von dem Jesus hier erzählt, ist in Schwierigkeiten. Sein Fell steckt in einem Dornbusch fest. Das Schaf kann aus eigener Kraft nicht wieder nach Hause zurückkehren. Es braucht Hilfe. Und plötzlich kommt der Hirte. Er hat das Schaf gefunden und befreit es aus dem Dornbusch, in dem es feststeckt. Der Hirte sieht, dass das Schaf zu schwach ist, um selbst zurück nach Hause zu laufen. Er hebt das Schaf auf seine Schultern. So trägt er es nach Hause. Als er dort ankommt, sagt er zu den Nachbarn: „Schaut, ich habe mein verschwundenes Schaf wiedergefunden. Lasst uns ein Fest feiern!"

Das ist bemerkenswert. In dieser Geschichte spricht Jesus nicht von den Fehlern, die das Schaf gemacht hat. Nein, er ist froh, dass er das Schafe wiedergefunden hat.

Diese Geschichte habe ich auch einmal in einer Kirche erzählt. Am nächsten Tag kam eine fast 80-jährige Frau auf meine Frau zu und sagte: „Kann ich dir etwas erzählen?" „Natürlich", sagte meine Frau. Da sagte sie: „Ich habe mein ganzes Leben lang nach Gott, dem Vater, gesucht. Gestern hat er mich gefunden!" Wie toll!

Der Vater hat mich gefunden

Mit dieser Geschichte möchte Jesus sagen, dass man nicht verloren ist, wenn man selbst nicht mehr nach Hause kommen kann. Es gibt eine gute Nachricht: Jesus sucht nach Menschen, die feststecken!

Was musste das verlorene Schaf tun?

Alles, was es tun musste, war, sich finden zu lassen. Es ließ sich befreien, es ließ sich hochheben und auf die Schultern legen. Es ließ sich nach Hause tragen.

Was Jesus uns hier sagt, ist, dass wir völlig abhängig von ihm sein dürfen. Wir brauchen es nicht alles selbst zu können. Eigentlich sagt Jesus mit dieser Geschichte: „Ich verstehe, dass es schwierig für dich ist, nach Hause zu kommen. Du hast in diesem Leben auch Schmerzen und Wunden erlitten. Ich bin nicht gekommen, um dich auszuschimpfen oder dir einzuschärfen, was du alles falsch gemacht hast. Nein, mir ist klar, dass du gerade jetzt Liebe, Liebe und nochmals Liebe brauchst. Darf ich dir meine Liebe geben? Ob du mich auch lieben wirst, ist jetzt nicht wichtig, das sehen wir dann später."

Die verlorene Münze

Bisher ging es einmal um den Jungen, der von zu Hause weglief. Er kehrte ohne große Hoffnung nach Hause zurück und lernte seinen Vater dort erst wirklich kennen. Dann ging es um das verschwundene Schaf, das nicht aus eigener Kraft nach Hause kommen konnte, sondern vom Hirten gefunden, befreit und getragen wurde. Jesus erzählt aber noch eine weitere Geschichte, die Geschichte über die verlorene Münze.

Es war einmal eine Frau, die arm war und eine wertvolle Münze verloren hatte. Diese hatte sie einst als Geschenk zu ihrer Hochzeit bekommen. Nun hatte sie sie irgendwo verloren. Was tat sie? Sie stellte ihr ganzes Haus auf den Kopf und suchte nach der fehlenden Münze. Als sie sie gefunden hatte, ging sie zu den Nachbarn und sagte: „Kommt, lasst uns ein Fest feiern, denn ich habe meine Münze wiedergefunden."

> *Die Münze selbst weiß gar nicht, dass sie verloren gegangen ist.*

Diese Geschichte ist noch etwas anders als die beiden anderen. Die Münze selbst weiß nämlich gar nicht, dass sie verloren gegangen ist, aber in Wirklichkeit ist sie das sehr wohl! Die Münze kann auch nicht selbst die Entscheidung treffen, dass sie gefunden werden will. Sie ist davon abhängig, dass sich jemand auf die Suche macht.

Es gibt ziemlich viele Menschen auf der Erde, die absolut nicht wissen, dass sie verloren sind. Und doch sucht jemand nach ihnen. Vielleicht denkst du, dass du immer auf dich allein gestellt bist. Dass es niemanden gibt, der sich um dich kümmert. Und doch ... tief im Inneren möchtest du so gerne, dass dich jemand hält, jemand, der für dich da ist, ein Vater, der dich liebt. Es gibt gute Nachrichten, auch wenn du nicht merkst, dass du verloren bist. Lass dir doch sagen, dass es jemanden gibt, dem du wichtig bist. Einer, der dich liebt und so lange sucht, bis du dich finden lässt.

Frage:

Gibt es eine Geschichte, die dich angesprochen hat? Dann lies diese noch einmal durch und füge dabei deinen eigenen Namen ein. Das macht es noch persönlicher.

Beten (mit Gott reden):

Vater Gott, danke, dass du ein Vater bist, der seine Kinder liebt. Danke, dass du auch mich liebst. Ich möchte deine Liebe erleben, damit ich dich besser kennenlernen kann. Ich möchte gerne gefunden werden!

Lesen:

Du kannst diese Geschichten in der Bibel lesen, in Lukas 15 im Neuen Testament.

Meine Lebensgeschichte besteht vor allem aus zerrissenen und zerknitterten Seiten
Lass mir nur ein wenig Zeit

4 Was ist deine Geschichte?

Jetzt wird es persönlich

Wie ein Buch

In den letzten Kapiteln ging es um Geschichten, die Jesus erzählt hat. In der Bibel stehen auch noch andere Geschichten von Menschen, die damals gelebt haben. Oft wird berichtet, wie ihr Lebens anfing, was sie erlebt haben und wie es endete. Man liest schöne Dinge über diese Menschen, aber auch von den Problemen, die sie hatten. Manchmal versuchten sie, selbst das Beste daraus zu machen, aber oft brauchten sie Gottes Hilfe.

Dein Leben ist auch eine Geschichte

Dein Leben ist wie eine Geschichte und wird langsam zu einem Buch. Deine Geschichte begann mit deiner Geburt. Wenn du möchtest, kannst du ein wenig durch die vergangenen Kapitel deines Lebens blättern. Aber manchmal möchtest du das lieber nicht. Du weißt, was du dort finden wirst.

Die Person, die du jetzt bist, ist die Summe deines bisherigen Lebens. Die Kapitel deines Lebens haben dich zu dem gemacht, der du heute bist. Es ist die Summe der Dinge, die du getan hast und die andere dir angetan haben. Manchmal hatte es mit deinen eigenen Entscheidungen zu tun, aber nicht immer. Wenn man zurückblickt, kann man nur noch sagen: Was passiert ist, ist passiert. Das lässt sich nicht mehr ändern.

Der Baum

Lass mich dir ein Beispiel geben. Wenn du einen Baum durchsägst, kannst du das Innere sehen. Wenn ich eingeladen werde, vor einer Gruppe zu sprechen, nehme ich oft eine Scheibe eines durchgesägten Baumes mit. Ich frage dann: „Was siehst du, wenn du dir das anschaust?“ Natürlich ist die Antwort dann, dass man die Jahresringe sehen kann. Jedes Jahr wird der Baum etwas dicker und eine Schicht Holz kommt hinzu. Jede Schicht hat ihre eigene Farbe. Indem man die Jahresringe zählt, kann man herausfinden, wie alt der Baum geworden ist. Sagen wir mal, dieser Baum ist 54 Jahre alt geworden. Dann sage ich: „Schau auf meinen Finger, pass gut auf! Denn was du jetzt sehen wirst, ist, dass ich in der Zeit zurückgehen kann.“ Dann gehe mit meinem Finger zum Beispiel zum sechsten Jahresring. In dem Moment berühre ich den Baum wirklich da, wo er sechs Jahre alt war!

Bei uns ist es genauso. Wenn wir Geburtstag haben, werden wir ein Jahr älter. Aber wenn ich 63 werde, ist der Henk von 62 nicht plötzlich verschwunden. Genau wie die Jahresringe des Baumes tragen wir all die Jahre mit uns und können wie in einem Buch in unserer Geschichte zurückblättern.

Ich sagte vorhin bereits, dass man das Geschehene nicht mehr ändern kann. Aber das ist nicht ganz richtig. Ja, wir können die Ereignisse nicht rückgängig machen. Aber die Wunden der Vergangenheit müssen nicht bestehen bleiben. Sie sind heilbar! Das können wir aber nicht selbst machen. Dafür brauchen wir Gott. Die Bibel sagt, dass er unser Arzt ist und dass er unsere alten Wunden jetzt heilen kann. Er kann sozusagen mit dem Finger in der Zeit zurückgehen, durch die Jahresringe unseres Lebens. Und wenn er auf etwas stößt, worin du Heilung brauchst, dann berührt er es.

Die Wunden der Vergangenheit sind heilbar.

So kann sich dein Leben jetzt wirklich ändern. Es kann ein neues Kapitel aufgeschlagen werden, das nicht automatisch das Ergebnis der vorherigen Kapitel ist. Durch Gottes Heilung gibt es Hoffnung für jeden.

Dein Leben, dein Buch

Wenn du dein eigenes Leben als Buch siehst, dann ist es ganz klar, dass du selbst der Autor bist. Aber es gibt noch einen anderen Weg. Es gibt so etwas wie einen Ghostwriter. Das ist jemand, der die Geschichte für jemand anderen aufschreibt. Das tut er, weil der andere das gerne möchte. Viele Bücher von Sportlern, Unternehmern und Politikern wurden nicht von ihnen selbst, sondern von solchen Ghostwritern geschrieben, weil die Sportler, Unternehmer oder Politiker es nicht selbst schreiben konnten oder keine Zeit dafür hatten.

Wenn du Christ wirst, kannst du dich auch dafür entscheiden, dass Gott dein Buch schreibt. Eine Geschichte, in der du die Hauptrolle spielst. Das könnte man dann einen Holy-Ghost-Writer nennen. Gott, der deine Lebensgeschichte schreibt. Dein Leben wird viel aufregender sein. Es ist immer noch deine Lebensgeschichte, aber du weißt vorher nicht, in welche Richtung sie gehen wird. Lass dir sagen, dass es die beste Geschichte sein wird, die du dir vorstellen kannst. Du könntest sie selbst nicht besser schreiben. Der Autor ist nämlich dein Vater, der das Beste mit dir vorhat.

Mein Leben, mein Buch

Lass mich dir meine Geschichte erzählen. Auch ich habe einmal mein eigenes Lebensbuch geschrieben. Mit ca. 20 Jahren besuchte ich die Pädagogische Akademie in Kijkduin in der Nähe von Den Haag. Zu deiner Information: Ich bin in einer christlichen Familie aufgewachsen. Wir gingen immer in die Kirche. Ich glaubte an Gott und auch an Jesus. Trotzdem merkte ich, dass mein Leben nicht anders war als das meiner ungläubigen Freunde.

Irgendwann trank ich ziemlich viel und befand mich in einer schwierigen Zeit in meinem Leben. Ich lebte in einer Wohngemeinschaft. Das Zimmer neben mir war an ein Mädchen vermietet, das auf der gleichen Schule war wie ich. Sie ging zu den *Jesus People,* einer leidenschaftlichen Gruppe von Leuten, die irgendwas mit Jesus am Hut hatte. Das war nichts für mich. Mir reichte das, was ich über den Glauben wusste, und auf alles, was anders war, wollte ich mich nicht einlassen.

Sie bemerkte, dass es mir nicht besonders gut ging und fragte mich, ob ich wüsste, was Beten ist. Sie fragte auch, ob ich zu Gott betete. Ich sagte zu ihr, dass ich manchmal etwas zu Gott sagte, aber dass es schien, als ob dieses Beten nicht weiter als bis zur Decke gelangte. Ich fragte mich, ob Gott überhaupt zuhörte, wenn ich betete. Dann fragte sie, ob sie für mich beten dürfe. Das war neu für mich. Noch nie hatte jemand so für mich gebetet. Ich fühlte mich unwohl dabei und sagte, es sei nicht nötig. Sie fragte erneut und sagte, sie tue das gerne ... Beim dritten Mal sagte ich: „Okay."

Ich fragte mich, ob Gott überhaupt zuhörte, wenn ich betete.

Sie legte ihre Hand auf meine Schulter und begann zu beten. Was genau sie gebetet hat, weiß ich nicht mehr. Aber als sie anfing, war es, als würde ich auf dem Grund eines trockenen Brunnens sitzen, mit Steinen um mich herum. Oben auf dem Brunnen lag ein Deckel. Es war stockdunkel. Aber im nächsten Moment brach ein Licht durch. Das war so weiß und klar, wie ich es noch nie zuvor gesehen hatte. Es war, als würde etwas von meinen Schultern abfallen. Es schien wie etwas Schweres, das ich schon immer mit mir herumgetragen hatte, ohne es zu wissen. Zum ersten Mal spürte ich, wie die Liebe Gottes des Vaters in mein Herz strömte, und ich war unglaublich glücklich. Ich weinte, aber nicht vor Trauer. Diese Liebe hat mein Leben völlig verändert!

Die Geschichte meines Lebens, die ich bisher selbst geschrieben hatte, ging plötzlich in eine andere Richtung. Ein neues Kapitel begann, mit Gott, dem Vater, als Holy-Ghost-Writer.

Das ist meine Geschichte. Vielleicht hilft es, wenn wir uns noch ein paar Geschichten aus der Bibel ansehen.

Peter

Peter ist einer der ersten Freunde Jesu. In der damaligen Zeit hieß er Petrus. So werden wir ihn hier nennen. Petrus ist ein Fischer. Jemand, der sein Geld damit verdient, Fische zu fangen und Fische zu verkaufen. Jesus möchte gerne, dass Petrus einer seiner zwölf Freunde wird. Er begegnet Petrus morgens am Ufer eines Sees. Petrus ist damit beschäftigt, seine Fischernetze zu reinigen. Er ist gerade fertig mit Fischen, hat aber in dieser Nacht keinen einzigen Fisch gefangen. Also, dass man wenig fängt, kann ja mal passieren, aber überhaupt nichts, noch nicht mal einen klitzekleinen Fisch ... Das ist eigentlich ein großes Wunder.

Jesus sagt zu Petrus, dass er ein Stück auf den See hinausfahren und dann das Netz nochmal auswerfen soll. Das ist irgendwie seltsam, denn Jesus ist ein Zimmermann. Wie soll denn ein Zimmermann etwas vom Fischen verstehen? Aber Petrus tut es und ... zu seinem großen Erstaunen kann er das Netz kaum noch ins Boot ziehen, weil so viele Fische darin sind. Das ist noch ein Wunder!

Petrus ist im Herzen ergriffen und beschließt, alles zurückzulassen und Jesus zu folgen. Er übergibt Jesus sozusagen seinen Stift. Jesus darf jetzt die Lebensgeschichte von Petrus schreiben. Später sehen wir, dass Petrus manchmal seinen Stift zurücknimmt und wieder die Kontrolle übernehmen will. Aber das bringt Jesus nicht aus der Ruhe. Er weiß, dass Petrus ein Rüpel und ganz schön eigenwillig ist. Das mag Jesus. Und Petrus stellt jedes Mal wieder fest, dass es am besten ist, Jesus seinen Stift

> *Petrus übergibt Jesus seinen Stift.*

zu geben und ihn seine Lebensgeschichte schreiben zu lassen.

Jochen

Jochens Geschichte ist etwas für sich. Genau wie Peter hatte Jochen zur damaligen Zeit einen anderen Namen: Jona. Jonas Geschichte ist älter als die von Petrus. Sie stammt aus dem ersten Teil der Bibel, dem Alten Testament. Jona hat sogar sein eigenes Buch in der Bibel und dieses Buch heißt: Jona. Wie könnte es anders sein?

Jona kennt Gott. Eines Tages bittet Gott Jona, etwas für ihn zu tun. Er bittet Jona, in die Stadt Ninive zu gehen. Gott will den Menschen dort etwas sagen. Ninive war eine Weltstadt, etwa wie heute New York. Die Leute dort lebten in den Tag hinein. Gott wollte ihnen mitteilen, dass die Stadt vor die Hunde gehen würde, wenn sie so weiterleben würden. Aber Jona hat nicht die Absicht, Gott seinen Stift zu geben.
Er denkt bei sich: *Du kannst mich mal gernhaben. Ich schreibe meine eigene Geschichte, und darin kommt Ninive nicht vor. Ich gehe in genau die entgegengesetzte Richtung, ich fliehe auf die andere Seite der Welt.* Für Jona war es eine ausgemachte Sache, dass er seine eigene Geschichte selbst weiterschreibt. Und so steigt er in ein Schiff, das in die andere Richtung fährt.

Jona will seine eigene Geschichte schreiben.

Dann greift der Holy-Ghost-Writer ein und macht sehr deutlich, dass Jona in die falsche Richtung geht. Und weißt du, was dann passiert? Es kommt ein großer Sturm mit turmhohen Wellen und das Schiff sinkt fast. Jeder an Bord hat Angst um sein Leben. Sie sind davon überzeugt, dass sie mit Mann und Maus umkommen. Der Kapitän möchte, dass jeder zu seinem Gott betet. Jona ist klar, dass dieser Sturm von Gott kommt, weil er nicht hören wollte. Er bittet die Matrosen, ihn über Bord zu werfen, damit der Sturm aufhört. Zuerst will der Kapitän nichts davon wissen, aber Jona besteht darauf. Schließlich packen zwei Männer Jona an den Armen und Beinen und werfen ihn über Bord. In dem Moment hört der Sturm auf. So nimmt die Geschichte von Jona eine dramatische Wendung. Langsam sinkt er in dem kalten Wasser in die dunklen Tiefen des Meeres.

Aber das ist nicht das Jonas Ende. Gott schickt einen großen Fisch, und der verschluckt Jona auf ein Mal. Im Bauch des Fisches hörte Jona wieder die Stimme Gottes: „Jona, wirst du nach Ninive gehen, um die Menschen zu warnen?" Jona wird klar, dass es nur zwei Möglichkeiten gibt. Entweder aus und vorbei, oder er hört und übergibt Gott seinen Stift.

Jona wählt Letzteres. Nach drei Tagen im Bauch des Fisches wird Jona irgendwo am Strand ausgespuckt. Er geht nach Ninive, läuft durch die Stadt und sagt allen, dass sie Unrecht tun und dass das Ende gekommen ist. Dann setzt er sich auf einen Berg und blickt über die Stadt. Er erwartet, dass Gott die Stadt vernichtet. Das ist das, was Jona eigentlich gerne gesehen hätte, da die Menschen in Ninive die Feinde seines Volkes waren.

Ja, Jona tut zwar, was Gott von ihm verlangt, aber er tut es nicht mit dem Herzen Gottes. Gott will eigentlich etwas anderes. Er will genau das Gegenteil von dem, was Jona will. Er sucht nach einer Lösung. Und sein Plan war, Jona bei dem Vorhaben, die Stadt zu retten, zu gebrauchen. Gottes Plan gelingt. Die Stadt wird verschont. Die Menschen bekehren sich und bitten Gott um Vergebung. Das versteht Jona nicht. Damit tut er sich schwer. Er hat sich mit Widerwillen von Gott gebrauchen lassen. Es fällt Jona sehr schwer, seinen Stift wirklich Gott zu übergeben und ihn seine Geschichte schreiben zu lassen. Jona wollte eine andere Geschichte als Gott. Als der Auftrag erledigt war, sagte er eigentlich: „Und jetzt gib mir mal meinen Stift wieder zurück, damit ich mit meiner eigenen Geschichte weitermachen kann." Jona hat nicht gelernt, dass Gottes Geschichte besser ist – für jeden!

Der älteste Sohn

Wir schauen nochmal auf die Geschichte des verlorenen Sohnes. Erinnerst du dich noch daran? Ich habe dir erzählt, dass es einen Vater mit zwei Söhnen gab. Den jüngsten Sohn hast du schon kennengelernt, aber er hatte noch einen älteren Bruder. Dazu möchte ich jetzt ein paar Worte sagen, denn das ist wichtig.

Der älteste Sohn lief nicht von zu Hause weg. Eigentlich hat er immer das getan, worum sein Vater ihn bat. Er arbeitete hart für seinen Vater. Man könnte sagen, er war der perfekte Sohn. Und doch ist das nicht ganz richtig. Es geht dem Vater nämlich nicht darum, was sein Sohn für ihn tut. Nein, er möchte so gerne, dass sein ältester Sohn sein Herz kennenlernt.

Der älteste Sohn meint, dass er eine Belohnung für seine harte Arbeit verdient und dass das Einzige, was sein Bruder verdient, eine Strafe ist. Der hatte es schließlich vermasselt. Und darin gleicht er Jona, der auch wollte, dass die Strafe vollstreckt wird. Das stand in seiner Geschichte. Der älteste Sohn hält seinen Stift ganz fest in der Hand. Er ist wütend. Der Vater lädt ihn ein, am Fest teilzunehmen und ihn besser kennenzulernen. Der Vater möchte, dass auch sein ältester Sohn wirklich nach Hause kommt. Er möchte einfach nur, dass sein Sohn seine Liebe und Wertschätzung genießt, die Fülle und das Fest. Aber der älteste Sohn will nicht. Nein, der älteste Sohn gibt seinen Stift nicht aus der Hand. Jetzt ist eigentlich er derjenige, der wegläuft …

Der Vater möchte, dass auch sein ältester Sohn wirklich nach Hause kommt.

Der verlorene Sohn

Und so kommen wir wieder zum verlorenen Sohn zurück. Was ist mit seiner Geschichte? Als der jüngste Sohn geht, ist das nun wirklich die Entscheidung, sein ganz eigenes Buch zu schreiben. Er beschließt auch, seine Familie in seiner Geschichte überhaupt nicht zu erwähnen. Nicht seinen Bruder und schon gar nicht seinen Vater! Sie kommen schlichtweg nicht mehr in seiner Geschichte vor.

Wir sehen, dass der Vater nicht versucht, seinen Sohn aufzuhalten. Dem Vater ist es wichtig, dass sein Sohn aus freiem Willen entscheidet. Er wünscht ihm eigentlich nur das Beste und sagt: „Und vergiss nicht, deinen Stift mitzunehmen." Doch das sagt der Vater mit Schmerz in seinem Herzen.

Später in der Geschichte ist der verlorene Sohn mit seinem Latein am Ende. Er begreift, dass er es allein nicht mehr schafft. Er braucht Hilfe. Und mit seinem Stift in der Hand kehrt er nach Hause zurück, unsicher und voller Angst, wie sein Vater reagieren wird.

Wie schön ist es, dass der Vater ihn in dieser Geschichte nicht davon abhält zu gehen. Nein, der Vater lässt ihn gehen, und so kommt der jüngste Sohn selbst dahinter, was er getan hat. Er entdeckt selbst, dass es besser ist, wieder nach Hause zu gehen. Er weiß, dass er selbst kein weiteres Kapitel mehr schreiben kann. Seine Geschichte ist vorbei. Sie endet in einem einzigen Elend. Er weiß nicht, ob damit noch was anzufangen ist. Aber für den Holy-Ghost-Writer ist das kein Problem. Er kann bei jedem ein neues Kapitel beginnen – jederzeit wieder.

Der Holy-Ghost-Writer kann bei jedem jederzeit ein neues Kapitel beginnen.

Das Elend des jüngsten Sohnes bringt ihn also genau dahin, wo er hinkommen sollte: in die Arme seines Vaters. Dahin, wo die Liebe in sein Herz strömen konnte. Das hatte er so bitter nötig. Ich denke, er sagte etwas wie: „Ich wusste nicht, dass du so bist … Ich möchte so gerne ein neues Kapitel in meinem Leben beginnen."

Jetzt bist du dran …

Wie sieht es mit deiner Geschichte aus? Bist du selbst eifrig am Schreiben, oder gehst du auf ein neues Kapitel zu? Traust du dich, deinen Stift Gott zu geben? Warum probierst du es nicht einfach mal aus? Lass ihn mal ein Kapitel schreiben. Du kannst deinen Stift jederzeit wieder zurücknehmen. Aber eine Sache weiß ich: Wenn der Holy-Ghost-Writer deine Geschichte ganz zu Ende schreiben darf, dann wird sie in jedem Fall ein Happy End haben, ein gutes Ende nehmen!

Wow, Gott, das reicht jetzt aber!
Nö

5 Was für ein Vater ist Gott?

Von falschen Vätern und einem guten Gott

Wie der Vater, so der Sohn

Gott wollte gerne, dass der Mensch ihm gleicht. Das haben wir im ersten Kapitel gesehen. Es war so gedacht, dass Gott und Mensch viel Zeit miteinander verbringen und Abenteuer erleben würden. Gott wollte dem Menschen zeigen, dass er ein guter Vater ist. Ein Vater, der seine Kinder liebt und sich gut um sie kümmert, der es aber auch genießt, wenn er merkt, dass seine Kinder *ihn* lieben.

Adam und Eva gingen von Gott weg, weil es im Garten schiefgelaufen ist. Damals hat Gott seine Kinder verloren. Es entstand eine Kluft zwischen Gott und den Menschen. Dadurch hat niemand mehr ein richtiges Bild von Gott. Deshalb ist es auch so schwer, eine Beziehung zu ihm aufzubauen.

Und doch hat Gott der Vater seinen Plan mit dem Menschen nicht vergessen. Sein Sohn Jesus kam als Mensch auf die Erde. Das war ein erster neuer Schritt in Gottes Plan der Wiederherstellung und Heilung. Jesus kam als Sohn Gottes auf die Erde. Sein oberstes Ziel war es, den Menschen zu zeigen, wer sein Vater ist. Er tat das durch sein Leben und seinen Tod. Wie der Vater, so der Sohn …

In diesem Buch haben wir oft über uns selbst gesprochen. Die Geschichte des Menschen. Aber was ist Gottes Geschichte?

Wer ist Gott?

Eigentlich ist das Leben Jesu die Geschichte Gottes … für uns geschrieben. Natürlich gibt es auch andere Geschichten in der Bibel. Darin können wir auch viel über Gott lesen. Aber jemand, der dies durch sein eigenes Leben zeigt, ist doch etwas ganz anderes. Zum Glück ist auch das in der Bibel festgehalten. Und die Geschichte von Gott, dem Vater, endet nicht mit seinem Sohn Jesus! Schon von Anfang an wollte der Vater viele Söhne und Töchter haben.

Was ist Gottes Geschichte?

Wir alle brauchen Hilfe, um Gott wirklich so kennenzulernen, wie er ist – als Vater. In der Bibel nennt man das „Offenbarung“. Das ist es, was wir brauchen. Das bedeutet, dass wir etwas sehen werden, was wir jetzt noch nicht sehen. Dabei möchte uns Jesus gerne helfen. Er will uns die Augen öffnen.

Vier falsche Väter

In dem Moment, in dem ich das Wort „Vater“ gebrauche, hat das für jeden eine andere Bedeutung. Man sieht nicht nur ein Wort mit fünf Buchstaben, sondern man hat auch sein eigenes Bild dazu. Und dieses Bild bezieht man in Gedanken mit ein, wenn man an Gott als Vater denkt. Es ist sehr wichtig herauszufinden, was für eine Art von Vater Gott wirklich ist. Aber vielleicht schauen wir uns zuerst einmal an, welche verschiedene Arten von „falschen" Vätern es gibt. Vielleicht erkennst du ja deinen eigenen Vater in einem der folgenden Beispiele:

1. Der anspruchsvolle Vater

Diesem Vater kannst du es eigentlich nie recht machen. Es ist nie gut genug. Es muss immer noch besser gehen. Du versuchst es jedes Mal und hoffst, dass er einmal zu dir sagt: „Gut gemacht!" Aber das bekommst du nie zu hören. Ohne es auszusprechen, sagt er eigentlich, dass du ein Versager bist.

2. Der gewalttätige Vater

Der gewalttätige Vater ist gefährlich. Von ihm versuchst du dich meistens ein wenig fernzuhalten. Wenn er da ist, bist du unsicher. Du hast Angst vor seinen Händen, die jederzeit ausrutschen können. Manchmal forderst du ihn heraus, sodass er wütend wird. Dann hast du zumindest noch seine Aufmerksamkeit, auch wenn sie negativ ist. Aber er gibt dir nie ein Gefühl der Sicherheit.

3. Der uninteressierte Vater

Das ist der Vater, der da ist, aber nicht für dich. Er hat nie Zeit für dich. Das Handy, die Arbeit, der Fernseher ... Es ist alles wichtiger als du. Er fragt nicht, wie es dir geht, und er nimmt sich keine Zeit für dich. Eigentlich sagt er dir, dass du ihm nicht wichtig bist.

4. Der abwesende Vater

Dieser Vater ist schlichtweg nicht da. Er ist immer weg. Er ist nicht da, wenn du ihn brauchst. Er ist nicht da, wenn es gut läuft. Er ist nicht da, wenn es schlecht läuft. Du fühlst dich allein und im Stich gelassen. Du bist ein Waisenkind.

Wenn ich über dieses Thema in einer Gruppe spreche, lade ich manchmal vier Männer ein, nach vorne zu kommen. Dann bitte ich diese Männer, je einen dieser Väter zu spielen, und stelle noch vier andere Personen vor sie hin, die ihre Kinder spielen. Ich sage jedem Mann, was für ein Typ Vater er ist. Danach bitte ich ihn dann, diesen mit einer bestimmten Haltung zu spielen. Dann passiert oft Folgendes:

- **Der anspruchsvolle Vater steht drohend mit erhobenem Zeigefinger da.**
- **Der gewalttätige Vater hat seine Faust erhoben, bereit dir einen Schlag zu verpassen.**
- **Der uninteressierte Vater hat sein Gesicht von seinem Kind abgewandt.**
- **Der abwesende Vater hat sich komplett umgedreht.**

Manchmal ist das ziemlich heftig für diese Männer. Und auch für diejenigen, die im Raum sitzen. Oft erinnert es sie daran, wie es bei ihnen zu Hause war. Auch wenn man inzwischen selbst erwachsen ist, spürt man oft noch sehr lange, dass man einen guten Vater (oder eine gute Mutter) entbehren musste.

Der erste Vater – anspruchsvoll

Aber so endet es nicht. Der Mann, der den anspruchsvollen Vater spielt, steht drohend mit erhobenem

Zeigefinger da. Ich frage dann, was ein guter Vater an seiner Stelle tun würde. Er sagt: „Ein guter Vater würde dich wissen lassen, dass er stolz auf dich ist. Er würde oft eine Hand auf deine Schulter legen und sagen: „Gut gemacht." Er würde dich ermutigen, etwas zu unternehmen. Wenn es dann mal nicht klappt, würde er dir helfen und dich nicht verurteilen."

Man spürt oft noch sehr lange, dass man einen guten Vater (oder eine gute Mutter) entbehren musste.

Dann sage ich: „Das ist genau das, was Gott, der Vater, tun würde! Wie kannst du das am besten darstellen?" Meistens geht der Mann, der den Vater spielt, dann auf die Person zu, die das Kind spielt. Er stellt sich neben das Kind und legt seinen Arm um dessen Schultern. Auf diese Weise fühlt sich das Kind geliebt und als etwas Besonderes.

Der zweite Vater – gewalttätig

Nun komme ich zum zweiten Vater. Das ist der gewalttätige Vater, der mit erhobener Faust dasteht. Auch ihn frage ich: „Was würde ein guter Vater an deiner Stelle tun?" Er sagt: „Ein guter Vater würde seine Hände benutzen, um sein Kind auf eine liebevolle Art zu berühren. Das Kind wird sich bei ihm sicher und geborgen fühlen."

Ich frage dann: „Was ist der beste Weg, um das zu zeigen?" Der Vater geht dann oft auf das Kind zu und umarmt es auf liebevolle Weise. Das ist der Vater, der Gott für dich sein will. Er will dich beschützen und er will dich trösten. Er möchte, dass du weißt, dass es in seinen liebevollen Armen immer einen sicheren Ort für dich gibt.

Der dritte Vater – uninteressiert

Auch dem Mann, der den dritten Vater spielt, stelle ich eine Frage. Es ist der Vater, der sich von seinem Kind abwendet. Ich frage dann, wie man durch seine Haltung das Gegenteil vermitteln kann.

Auch der dritte Vater geht dann zu der Person, die das Kind spielt. Er legt beide Hände auf die Schultern des Kindes und schaut ihm in die Augen. Auf diese Weise zeigt er, dass er wirklich interessiert ist, dass er wirklich wissen will, wie es seinem Kind geht. Sobald du in die liebevollen Augen dieses Vaters schaust, kannst du seine Liebe buchstäblich trinken.

Der vierte Vater – abwesend

Beim vierten Vater ist klar, dass er überhaupt kein Vater sein will. Ich frage ihn, ob er uns zeigen kann, was dieses Kind entbehren musste. Dann umarmt dieser Vater das Kind. Er drückt das Kind an sich und sagt: „Ich bin dein Vater. Ich liebe dich und werde immer für dich da sein!"

Gott, der gute Vater

Das alles sind Beispiele für schlechte Väter. Wenn du das liest, erkennst du vielleicht deinen eigenen Vater darin. Es kann auch sein, dass du selbst Vater bist und feststellst, dass du eigentlich auch so bist.

Wenn du keinen guten Vater gehabt hast, ist es sehr schwierig, selbst ein guter Vater zu sein. Das ist sehr wichtig. Was du nicht bekommen hast, kannst du auch nicht weitergeben. Deshalb möchte Jesus dich so gerne seinem Vater vorstellen. Gott ist der gute Vater und will wieder in Ordnung bringen, was schiefgelaufen ist. Er will zusammen mit dir durch die Jahresringe deines Lebens gehen und dich berühren, wo du Mangel erlitten hast. Er will heilen, was verwundet ist. Das Schöne ist: Wir dürfen werden, was unsere Eltern nicht sein konnten.

Gott ist der gute Vater.

Aufgabe

Schließe einmal deine Augen und suche die Augen von Gott dem Vater. Versuche, sie zu sehen. Achte darauf, was mit dir passiert, wenn diese liebevollen Augen dich anschauen. Durch die Augen des Vaters entdeckst du, wie sehr er dich liebt. Lass dir ruhig etwas Zeit. Sauge die Liebe einfach in dich auf. Sie ist für dich.

Ich finde dich wirklich ganz, ganz toll
Du?
Mich?

6 Wie der Vater, so der Sohn

Wie es von Gott schon immer gedacht war

Der Plan Gottes

Ganz am Anfang haben wir gelesen, dass Gott Menschen erschuf. Menschen, mit denen er wie ein Vater umgehen kann. Außer Gott gibt es niemanden, der Menschen erschaffen kann. Alle Menschen sind also eigentlich Kinder Gottes. Nur leben sie oft weit weg von ihm. Wenn du ein Kind bist, aber deine Eltern nicht präsent sind, dann bist du ein Waisenkind. Aber die gute Nachricht ist: Jesus ist nach Hause gekommen zu seinem Vater, damit alle Waisenkinder auch nach Hause kommen können. Nach Hause zum Vater. Das ist Gottes Plan.

Wie der Vater, so der Sohn

Im letzten Kapitel konnten wir lesen, was für eine Art von Vater Gott ist. Dass er gut ist, voller Liebe. Dass du ihm vertrauen kannst. Er ist auch ein Vater, der Trost und Heilung bringt. Aber wie kann man Gott nun auf solch eine Weise kennenlernen, wenn er weit weg von uns ist?

Dazu hat Gott sich einen Plan ausgedacht, und zwar Folgenden: Ein Sohn hat die Eigenschaften seines

Vaters. Wenn jemand älter wird, hört man andere manchmal sagen: „Er ist genau wie sein Vater." Genauso ist es bei Jesus. Jesus ist als Gottes Sohn auf die Erde gekommen. Er hat uns die Charaktereigenschaften Gottes gezeigt. Dadurch können wir sehen, wie genau er denn nun ist. Jesus tat nichts aus sich selbst heraus. Er tat alles zusammen mit dem Vater. Jesus ließ den Vater durch sich wirken. So sagt Jesus auch: „Wenn du mich gesehen hast, hast du den Vater gesehen." Auf diese Weise kannst du dir schon mal eine Vorstellung davon machen, wer Gott, der Vater, ist, auch wenn du ihm noch aus einiger Entfernung zuschaust. Jesus kann dir helfen, dich auf den Weg zum Vater zu machen. Und Jesus sagt: „Ich bin der Weg."

> *Jesus tat nichts aus sich selbst heraus. Er ließ den Vater durch sich wirken.*

Der Plan geht weiter

Inzwischen ist Jesus in den Himmel gegangen. Er ist jetzt dort bei seinem Vater. Aber bevor er ging, hinterließ er seinen Freunden einen Auftrag, nämlich dass sie sich für andere einsetzen sollten, wie Jesus das auch getan hat. Dass sie anderen zeigen sollten, wer Gott wirklich ist. Das ist Gottes Plan!

Jesus besiegte den Tod. Jetzt können auch wir ein Sohn bzw. eine Tochter von Gott, dem Vater, sein. Jetzt können auch wir anderen zeigen, wer er ist. Menschen, die weit weg von Gott leben, können sich jetzt einen Eindruck davon verschaffen, wer unser Vater wirklich ist. Und das können wir schlichtweg durch unser Leben zeigen. Denn Gott will unser Leben, will dein Leben, benutzen, um durch es zu wirken.

Wie soll das gehen …?

Vielleicht sagst du jetzt: „Ach hör doch auf! Ich soll wie Gott sein? Tickst du noch richtig? Nein, mein Leben ähnelt wirklich nicht dem Leben Gottes." Ich verstehe, dass du vielleicht so denkst, aber erinnerst du dich, dass dein Leben wie eine Geschichte ist? Es ist möglich, ein neues Kapitel zu beginnen, und dafür hat Gott auch einen Plan.

Erinnerst du dich, dass wir von der Geschichte des verlorenen Sohnes gesprochen haben? Kann man sagen, dass er seinem Vater ähnelte, als er gegangen war? Absolut nicht! Selbst als er beschlossen hatte, nach Hause zurückzukehren, war er immer noch wie eine Waise und nicht wie ein Sohn seines Vaters. Eine Waise hat keine Eltern mehr. So sieht sich der Sohn selbst auch. In der Geschichte wird erzählt, dass er zu seinem Vater sagen will: „Ich bin es nicht wert, dein Sohn zu sein." Hier sehen wir, dass er seinen Vater nicht kennt. Er kannte ihn nicht als guten und liebenden Vater. Er hat seinen Vater nie in sein Herz gelassen. Er hatte sich verschlossen. Und jetzt geht er zurück nach Hause. Er rechnet mit allem, aber nicht mit einer Begegnung mit einem Vater voller Liebe. Warum? Weil er die Liebe seines Vaters nie erfahren hat!

Aber dann passiert es. In dem Moment, als er schon fast zu Hause ist, kommt sein Vater auf ihn zugerannt. Der Vater fällt ihm um den Hals, umarmt ihn und küsst ihn. Und genau hier fängt das neue Kapitel an. Es spielt keine Rolle, was in den vorherigen Kapiteln alles passiert ist. Mit diesem jüngsten Sohn geschieht etwas sehr Wichtiges. Er spürt die Liebe seines Vaters jetzt in seinem Herzen.

Liebe

Jetzt wird der Plan des Vaters funktionieren. Wenn die Liebe des Vaters in dein Herz einzieht, dann hast du diese Liebe wirklich empfangen! Aber weil du diese Liebe empfangen hast, kannst du sie jetzt auch zurückgeben. Jetzt kannst du anfangen, Gott als deinen Vater zu lieben. Und mehr noch. Du kannst diese Liebe nun auch an andere weitergeben. Und jetzt kommt's. Wenn du das tust, gibst du also die Liebe weiter, die du selbst von Gott, dem Vater, bekommen hast. Dann ähnelst du also genau deinem Vater im Himmel. In dem Moment gilt auch für dich: Wie der Vater, so der Sohn!

In dem Moment gilt auch für dich: Wie der Vater, so der Sohn!

Vertrauen

Wir haben gesehen, wie der jüngste Sohn anfing, die Liebe des Vaters zu spüren. Aber das ist nicht alles. Hier hört es nicht auf. Der Vater will uns seine DNA übertragen. Auch davon erzählt diese Geschichte. Nachdem der Vater seinen Sohn umarmt und geküsst hatte, gab er ihm einen Umhang, Schuhe und einen Ring.

Das Gewand

Das Gewand war etwas sehr Besonderes. Das durfte nicht jeder tragen. Es offenbarte, dass du einer bestimmten Familie angehörtest. Jeder in der Nachbarschaft wusste, dass der Sohn auf eine miese Art weggegangen war. Der Vater gibt ihm nun ein Gewand und zeigt dadurch, dass die Beziehung wiederhergestellt ist. Der Sohn gehört wieder dazu.

Die Schuhe

Ein Sklave ging barfuß, ein Sohn trug Schuhe. Wir wissen, dass der Sohn dachte, er könne nicht mehr der Sohn seines Vaters sein. Indem der Vater ihm Schuhe gibt, zeigt er ihm, dass es sich anders verhält.

Der Ring

Der Ring, den er bekommt, ist ein ganz besonderer Ring. Es ist ein Siegelring. Damals konnte man mit einem Siegelring wichtige Geschäfte tätigen. Es funktionierte im Prinzip wie eine Kreditkarte. Der Vater sagt damit, dass der Sohn wieder seinen Anteil am Erbe bekommt.

Aber das ist noch nicht alles! Wie kann es denn sein, dass der Vater ihm all dieses Vertrauen gibt? Das hat der Sohn doch nicht verdient! Hat der Sohn das Vertrauen des Vaters nicht einfach nur missbraucht?

Es ist möglich, weil der Vater ganz anders ist, als wir denken. Der Vater schaut nicht auf das, was sein Sohn getan hat. Der Vater sagt: „Ich habe Vertrauen. Ja, ich bin sogar das Vertrauen, das gehört zum Kern meines Wesens. Das ist eine meiner Eigenschaften. Und du brauchst jetzt auch mein Vertrauen, bevor du mir wirklich vertrauen kannst. Ich lasse dich spüren, dass ich dir vertraue. Und wenn du das erlebst, hast du mein Vertrauen empfangen. Und so bist du mir wieder ein Stück ähnlicher. Wie der Vater, so der Sohn."

Trost

Es gibt noch eine andere Eigenschaft Gottes, die ich ansprechen möchte. Eine, die so wichtig ist, dass er sie sogar als Name verwendet. Es geht um den Heiligen Geist. Sein Name ist Tröster. Gott weiß, wie viel Trost in dieser kaputten Welt nötig ist, und er beginnt mit seinen Kindern. Aber es geht über das Spüren von Gottes Trost hinaus. Sobald wir den Trost Gottes empfangen, können wir diesen Trost wiederum an diejenigen weitergeben, die ihn brauchen. So können wir der Welt zeigen, wie Gott der Vater wirklich ist.

> *Gott weiß, wie viel Trost in dieser kaputten Welt nötig ist!*

Und genau darum geht es im Plan des Vaters. Er will durch dich und mich allen zeigen, dass er ein guter und liebender Vater ist – auch Menschen, die noch weit von ihm entfernt sind, die ihn noch nicht kennen, wie er wirklich ist. Durch uns will der Vater seine Waisenkinder wieder nach Hause bringen, nach Hause zu ihm.

Die große Geschichte

Wir haben in diesem Buch geschrieben, dass Gott gerne unsere Geschichte schreiben möchte. Willst du ihm deinen Stift geben, damit er deine Geschichte schreiben kann?

Aber das ist noch nicht alles. Ich möchte dir sagen, dass Gott noch mehr vorhat. Er will nicht nur deine Geschichte schreiben. Er schreibt selbst eine noch größere Geschichte. Das ist die große Geschichte, in der all die kleinen Geschichten zusammenlaufen. All die Geschichten von dir und mir und uns allen zusammen. Das wird eine tolle Geschichte. Eine Geschichte, die wir uns selbst nie ausdenken könnten. Diese Geschichte handelt von Gottes Familie.

Die Bibel erzählt uns, dass wir eine Familie zusammen mit anderen Christen sind und dass wir eine Familie an dem Ort sein können, an dem wir wohnen. Das nennt man auch Kirche oder Gemeinde. Das ist viel mehr als ein Ort, an dem man sich sonntags trifft. Eine Gemeinde zu sein, bedeutet, einander das Leben Gottes weiterzugeben, es zu teilen. Es bedeutet, zusammen ein tolle Familie zu sein. Und die gute Nachricht ist: Du darfst da auch dazugehören!

Das ist die große Geschichte, die Gott schreibt. Er möchte, dass seine Familie größer wird und voller Liebe ist. Gott will auch dir einen Platz in dieser Familie geben.

Frage

Gibt es in deinem Leben gerade etwas, wofür du Liebe, Vertrauen oder Trost brauchst? Du kannst einfach zu Gott sagen: „Vater, ich will deine Liebe spüren. Ich brauche sie so dringend. Ich brauche deinen Trost und dein Vertrauen. Selbst habe ich das alles nicht und aus mir selbst schaffe ich es auch nicht."

Sag ihm, was dich bedrückt, was du schwierig findest oder wo es dir wehtut.

Lass dir ruhig Zeit. Öffne dein Herz und warte, was Gott der Vater tun wird.

Aber das habe ich doch gar nicht verdient
Ja, genau darum geht es!

7 Und jetzt ...

Was wirst du damit machen?

Nachdem du dieses Buch nun gelesen hast, möchte ich dir eine Frage stellen: Kennst du den Vater und den Sohn persönlich? Ich meine Gott, der dir ein wahrer Vater sein will, und Jesus, sein Sohn, der dir zur Seite stehen will. Das Besondere ist, dass sie dich durch und durch kennen. Du sollst wissen, dass sie dich mögen und sehr gerne eine Beziehung zu dir haben möchten. Du kannst diese Beziehung auf eine sehr einfache Weise herstellen: Du kannst mit ihnen reden. Das nennt man auch Beten.

Außerdem brauchst du etwas, das Gott, der Vater, und Jesus, sein Sohn, dir gerne geben möchten. Es ist eine neue Art von Leben. Ja, du verdankst dein Leben deinen Eltern. Sie haben dich auf die Welt gebracht. Das ist das natürliche Leben. Aber das ist nicht genug. Es gibt auch ein geistliches Leben. Du kannst innerlich ein neues Leben bekommen. Jesus möchte es dir geben. Wenn du in deinem Inneren neues Leben empfängst, tut sich dir eine ganze Welt auf. Es ist eigentlich eine zweite Geburt; dein Leben beginnt noch einmal von vorne.

Die Bibel sagt, dass jemand, der falsche Dinge tut, sterben wird. Diese falschen Dinge nennt man Sünde.

Sünde verdient Bestrafung und bringt den Tod. So hat Gott, der Vater, es vorgesehen. Das kannst du in der Bibel in Hesekiel 18,20 nachlesen. Sterben bedeutet, weit weg von Gott, dem Vater, zu sein, der die Quelle des ewigen Lebens ist. Aber Jesus, der Sohn, ist als Mensch wie du und ich auf die Erde gekommen. Er hat die Strafe für die Sünde für uns übernommen. Er ist für dich und für mich am Kreuz gestorben.

Aber er blieb nicht tot. Nach drei Tagen wurde er wieder lebendig. Er war stärker als der Tod und besiegte ihn! Wenn wir das glauben und ihm dafür danken, gibt er uns dieses neue Leben sofort. Du empfängst nochmals ein Leben. Und dieses Leben ist für immer und ewig. Es hört nie auf. Dann kannst du Gott, der Geist ist, kennenlernen. Du darfst sein Kind sein, und er kann Vater für dich sein, wonach er sich schon immer gesehnt hat.

> *Du empfängst nochmals ein Leben. Und dieses Leben ist für immer und ewig.*

Wenn du das willst, dann bete einfach das folgende Gebet:

Herr Jesus, ich komme zu dir. Ich glaube, dass du der Sohn Gottes bist und dass du für meine Sünden am Kreuz gestorben bist. Danke, dass du dein Leben für mich gegeben hast. Es tut mir leid für alles, was ich falsch gemacht habe, und ich danke dir, dass du mir vergibst. Ich gebe dir mein Leben. Danke für das neue Leben, das ich von dir empfange. Ich möchte dir auch dafür danken, dass ich zum Vater kommen kann.

Vater Gott, ich komme zu dir. Ich danke dir, dass du mein Vater sein willst und dass ich dein Sohn / deine Tochter sein darf. Heiliger Geist, erfülle mich jetzt und zeige mir, wie der Vater wirklich ist. Vater, ich möchte dich kennenlernen und ich möchte gerne eine neue Identität bekommen. Ich möchte die Identität der Sohnschaft empfangen. Dann bin auch ich jemand, der dir ähnlich ist und an dem die Menschen um mich herum das erkennen dürfen.

Wenn du dieses Gebet von Herzen gebetet hast, darfst du wissen, dass jetzt im Himmel ein Fest gefeiert wird! In der Bibel wird das so beschrieben:

Im Himmel wird ein größeres Fest gefeiert
wegen einem einzigen Sünder,
der sich von der Sünde abkehrt,
als wegen neunundneunzig anderen,
die das schon viel früher getan haben.

Lukas 15,7 (frei übersetzt)

Der Liebesbrief des Vaters

Hier findest du lauter Sätze aus der Bibel, die von Gottes Liebe zu dir handeln. Barry Adams hat sie herausgesucht und zusammengestellt. Du kannst diese Sätze wie einen Brief lesen, der von Gott, dem Vater, an dich geschrieben wurde. In den Fußnoten steht jeweils die Bibelstelle dazu.

Mein Kind,

Ich kenne dich ganz genau,
selbst wenn du mich vielleicht noch nicht kennst.[1]

Ich weiß, wann du aufstehst
und wann du schlafen gehst.[2]

Ich kenne alle deine Wege.[3]

Ich habe alle Haare auf deinem Kopf gezählt.[4]

Ich habe dich nach meinem Bild geschaffen.[5]

Durch mich lebst und existierst du.[6]

Du bist mein Kind.[7]

Ich kannte dich schon, bevor du geboren wurdest.[8]

---

[1] Psalm 139,1

[2] Psalm 139,3

[3] Psalm 139,3

[4] Matthäus 10,29-31

[5] 1. Mose 1,27

[6] Apostelgeschichte 17,28

[7] Apostelgeschichte 17,28

Ich habe dich berufen,
als ich die Schöpfung geplant habe.[9]

Du warst kein Unfall. Ich habe jeden einzelnen
Tag deines Lebens in mein Buch geschrieben.[10]

Ich habe den Zeitpunkt und den Ort deiner Geburt
bestimmt und mir überlegt, wo du leben würdest.[11]

Ich habe dich auf erstaunliche
und wunderbare Weise geschaffen.[12]

Ich habe dich im Leib deiner
Mutter kunstvoll gestaltet.[13]

Ich habe dich am Tag deiner
Geburt hervorgerufen.[14]

Menschen, die mich nicht kannten,
haben mich in falscher Weise repräsentiert.[15]

Ich bin nicht weit von dir weg oder zornig auf dich.
Ich bin die Liebe in Person.[16]

Ich wünsche mir nichts sehnlicher,
als dir meine Liebe verschwenderisch zu schenken.[17]

Ich biete dir mehr an, als ein Vater
auf der Erde es je könnte.[18]

---

[8] Jeremia 1,4-5
[9] Epheser 1,11-12
[10] Psalm 139,15-16
[11] Apostelgeschichte 17,26
[12] Psalm 139,14
[13] Psalm 71,6
[14] Johannes 8,41-44
[15] Johannes 8,41-44
[16] 1. Johannes 4,16
[17] 1. Johannes 3,1
[18] Matthäus 7,11

Ich bin der vollkommene Vater.[19]

Alle guten Dinge, die du empfängst,
kommen von mir.[20]

Ich stille alle deine Bedürfnisse und sorge für dich.[21]

Ich habe Pläne für dich,
die voller Zukunft und Hoffnung sind.[22]

Ich liebe dich mit einer Liebe, die nie aufhören wird.[23]

Meine guten Gedanken über dich sind
so zahlreich wie der Sand am Meeresstrand.[24]

Ich freue mich so sehr über dich,
dass ich nur jubeln kann.[25]

Ich werde nie aufhören, dir Gutes zu tun.[26]

Du bist für mich ein kostbarer Schatz.[27]

Ich wünsche mir zutiefst, dich fest zu gründen
und deinem Leben Halt zu geben.[28]

Ich will dir große und unfassbare Dinge zeigen.[29]

Wenn du mich von ganzem Herzen suchen wirst,
werde ich mich von dir finden lassen.[30]

---

[19] Matthäus 5,48
[20] Jakobus 1,17
[21] Matthäus 6,31-33
[22] Jeremia 29,11
[23] Jeremia 31,3
[24] Psalm 139,17-18
[25] Zephania 3,17
[26] Jeremia 32,40
[27] 2. Mose 19,5
[28] Jeremia 32,41
[29] Jeremia 33,3
[30] 5. Mose 4,29

Habe deine Freude an mir – ich will dir das geben, wonach du dich sehnst.[31]

Ich selbst habe diese Wünsche und Sehnsüchte in dich hineingelegt[32]

Ich kann viel mehr für dich tun, als du es dir denken kannst.[33]

Ich bin derjenige, der dich am meisten ermutigt.[34]

Wenn dein Herz zerbrochen ist, bin ich dir nahe.[35]

Wie ein Hirte ein Lamm trägt, so trage ich dich an meinem Herzen.[36]

Eines Tages werde Ich jede Träne von deinen Augen abwischen.[37]

Und ich werde alle Schmerzen deines Lebens wegnehmen.[38]

Ich bin dein Vater und ich liebe dich genauso, wie ich meinen Sohn Jesus liebe.[39]

Jesus spiegelt mein Wesen in vollkommener Weise wider.[40]

Er kam auf diese Welt, um zu zeigen, dass ich nicht gegen dich bin, sondern für dich.[41]

---

[31] Psalm 37,4
[32] Philipper 2,13
[33] Epheser 3,20
[34] 2. Thessalonicher 2,16-17
[35] Psalm 34,18
[36] Jesaja 40,11
[37] Offenbarung 21,3-4
[38] Offenbarung 21,3-4
[39] Johannes 17,23
[40] Hebräer 1,3

Er kam, um dir zu sagen, dass ich deine Sünden nicht länger anrechne.[42]

Jesus starb, damit du und ich wieder versöhnt werden können.[43]

Sein Tod war der extremste Ausdruck meiner Liebe zu dir.[44]

Ich habe alles für dich aufgegeben, weil ich deine Liebe gewinnen will.[45]

Wenn du das Geschenk, das Jesus dir macht, annimmst, empfängst du meine Liebe.[46]

Nichts kann dich jemals von meiner Liebe trennen.[47]

Komm nach Hause, damit wir die beste Party feiern können, die der Himmel je gesehen hat.[48]

Ich war schon immer dein Vater und werde immer ein Vater für dich sein.[49]

Ich frage dich nun: Willst du mein Kind sein?[50]

Ich warte auf dich.[51]

Dein Vater[52]

---

[41] Römer 8,32
[42] 2. Korinther 5,18-19
[43] 2. Korinther 5,18-19
[44] 1. Johannes 4,10
[45] Römer 8,31-32
[46] 1. Johannes 2,23
[47] Römer 8,38-39
[48] Lukas 15,7
[49] Epheser 3,14-15
[50] Johannes 1,12-13
[51] Lukas 15,11-32
[52] Quelle: https://www.fathersloveletter.com/german.html (Auszug).

Über den Autor

Henk Bruggeman uns seine Frau Anneke kamen in der Jesus-People-Bewegung zum Glauben und waren danach jahrelang bei „Jugend mit einer Mission" engagiert. Seit 2003 leiten sie die Gemeinde „het VaderHuis" in Den Haag. Sie haben die Offenbarung über das Vaterherz Gottes schon in mehr als zwölf Länder gebracht. Sie haben acht Kinder und elf Enkel.

Weitere Bücher von Henk Bruggeman:

Das Herz des Vaters entdecken

Unsere Identität als Söhne und Töchter Gottes empfangen; 200 S., Paperback

Gott sehnt sich mehr denn je danach, seinen Kindern sein Vaterherz zu offenbaren. Er möchte, dass wir ihn nicht nur mit dem Kopf, sondern vor allem mit dem Herzen kennenlernen. Statt einer Distanziertheit soll eine innige Vertrautheit unsere Beziehung zu ihm prägen. Darüber hinaus möchte er uns aber eine neue Identität schenken: die Identität der Sohnschaft.

Näher beim Vater

Da bist du zu Hause!; 184 S., Paperback

Henk Bruggeman lädt uns ein, Gott als Vater tiefer kennenzulernen. Er hilft uns in jeder Hinsicht, ihm folgen zu können, damit wir nahe bei ihm zu leben. Das schaffen wir nicht aus eigener Kraft. Nein, er kommt zu uns und erobert unser Herz. Wenn wir lernen, seine unglaubliche Liebe für uns zu empfangen, ist es nicht mehr schwer, uns mit ihm auf den Weg zu machen, dem Abenteuer entgegen.

Weitere Produkte von GloryWorld-Medien

„Himmlische Bücher für die Erde"

Wayne Jacobsen, Geliebt!

Tag für Tag in der Zuneigung des himmlischen Vaters leben; 240 S., Paperback

Jeden Tag ein Leben zu führen, in dem wir völlig sicher sind, dass wir bedingungslos von Gott geliebt sind – ist das wirklich möglich, und wie sieht das konkret aus?

Wayne Jacobsen bringt uns Schritt für Schritt nahe, wie tief die Liebe Gottes zu uns tatsächlich ist. Wir entdecken dabei, dass wir nicht zu Sklaven, sondern zu Söhnen und Töchtern berufen sind. Die liebevolle Zuneigung unseres Vaters im Himmel gilt uns in allen Umständen. Wir erfahren eine lebendige Beziehung zu ihm, die uns von der Qual der Scham befreit und uns so verändert, dass wir als seine Kinder leben können.

Michael Stahl, Vater-Sehnsucht

120 Seiten, Paperback

Immer mehr Kinder wachsen in dieser Welt ohne Vater auf. Was wird aus diesen Kindern? Der Vater ist der erste Held im Leben eines Kindes. Dieser mächtigste Mensch der Welt kann Wunden schlagen und sie auch heilen.

Michael Stahl, lässt uns an der Entstehung und dem Heilungsprozess seiner eigenen Vaterwunden teilhaben. Und er berichtet, was er erlebt, wenn er in Schulen, Heime, Gefängnisse oder Firmen geht und dort Menschen hilft, sich miteinander zu versöhnen.

Das Buch ist eine Schatzgrube für alle auf der Suche nach Wurzeln, Identität und Wahrheit. **Es ist auch als Hörbuch sowie in Englisch und Russisch erhältlich.**